De la lumière aux ténèbres

Du même auteur

Fantassins sous la mitraille, Harmattan
Prix Raymond Poincaré 2005

Pierre Jenoudet

De la lumière aux ténèbres

Lieutenant en Indochine

1951-1954

L'Harmattan

Maquette et cartographie : François Schnepp

© L'Harmattan, 2008
5-7, rue de l'Ecole polytechnique ; 75005 Paris

http://www.librairieharmattan.com
diffusion.harmattan@wanadoo.fr
harmattan1@wanadoo.fr

ISBN : 978-2-296-05793-7
EAN : 9782296057937

En souvenir

de mes camarades morts en Indochine.

En mémoire

*de Mohamed ou Driss tué le 17/01/1953,
du commandant Roussel et de l'adjudant Courtin
fusillés par les Viets.*

AVANT-PROPOS

N'est-ce pas une gageure d'écrire un livre sur des événements vieux de plus d'un demi-siècle ?
La guerre d'Indochine est un moment presque oublié de l'histoire des guerres de décolonisation.
Le Vietnam a remplacé l'Indochine rejetée dans le passé à l'autre bout du monde.
De nombreux ouvrages, essais, biographies, romans ont été édités à ce sujet. Le cinéma s'en est emparé à plusieurs reprises. Tout ou presque a été dit.
Pourtant, cinquante-cinq ans après, si les survivants de cette guerre sont peu nombreux, ils ressentent d'autant plus le besoin de transmettre leur expérience que le temps pour le faire est plus limité.
La passion s'est apaisée ; elle a fait place à la sérénité.
Le devoir de mémoire n'a pas de limite dans la durée.
C'est pourquoi, très tardivement, j'ai voulu à mon tour témoigner.
Ce ne sont pas les récits d'un «baroudeur» d'exception.
Il s'agit plus modestement de l'exposé à grands traits de la vie en Indochine pendant plus de trois ans, de juillet 1951 à octobre 1954, d'un lieutenant d'artillerie.

J'ai effectué un séjour en deux parties.

D'abord en opérations dans deux régions différentes, au Tonkin pendant six mois, puis sur les Hauts Plateaux d'Annam pendant l'année 1952. J'étais chef d'une section autonome d'artillerie de montagne, dernière formation du Corps Expéditionnaire équipée du canon de 75 de montagne.

Comme tous mes camarades, j'ai connu la longue suite d'opérations plus ou moins favorables et, coupant la grisaille des longues journées ordinaires, quelques péripéties marquantes.

J'ai insisté sur les deux moments-clés de cette période.

La défense de Nghia Lo, en octobre 1950, parce que je suis le seul officier de mon Arme dans cette bataille victorieuse.

Les conditions tragiques de l'embuscade du 17 janvier 1953, près d'An Khê, où l'unité d'infanterie que j'accompagnais fut anéantie et où je fus fait prisonnier.

La seconde partie porte sur ma captivité chez les Viets. Plus d'une année dans les camps de «rééducation» du Quanq Ngai au Centre Annam, puis la longue marche de plus de mille kilomètres qui aboutira à ma libération au Tonkin le 1er septembre 1954.

Il est possible que dans ces récits, portant sur des événements si lointains, j'ai pu faire quelques oublis ; il faut m'en excuser. Je me suis servi pour étayer mes souvenirs de documents du Service Historique de l'Armée, de lettres conservées par ma famille et de témoignages de quelques camarades.

Mon souci premier a été d'être vrai.

Pour donner à cet ouvrage un cadre plus général concernant ma vie, j'ai évoqué, en quelques pages, ma jeunesse et après l'Indochine la continuation de ma carrière.

Avant l'Indochine
(1927-1951)

Les années d'enfance et de jeunesse

Je suis né à Chalon-sur-Saône le 8 février 1927. Au retour du Maroc, où il avait fait campagne à la tête d'un bataillon de Légion, mon père avait demandé son affectation dans cette ville pour se rapprocher du Jura. Toute ma famille est en effet originaire du Haut-Jura, du canton de Saint-Laurent, région de montagne, au climat rude, à neuf cents mètres d'altitude, près de la frontière suisse.

Mon enfance s'est passée au gré des affectations successives de mon père, à Chambéry, Bourges, Paris et Lille.

A la déclaration de guerre, en 1939, mon père est parti en campagne avec la 1ère Division d'Infanterie Motorisée du Nord. Général, il fut fait prisonnier le 1er juin 1940 à Lille, où les Allemands accordèrent à son Groupement les Honneurs de la guerre.

Avec ma mère et mes deux sœurs, nous nous étions repliés à Lons-le-Saunier, où j'avais continué mes études secondaires au lycée Rouget de Lisle. En 1945, après avoir obtenu le bac Math-Elem et Philosophie, le choix d'une carrière ne me posa pas de problème.

Mon illustre compatriote avait chanté «Nous entrerons dans la carrière, quand nos aînés n'y seront plus». C'était aussi, depuis toujours, mon intention.

Au Prytanée (1945-1946)

Je préparai Saint-Cyr au Prytanée militaire de La Flèche. Une année rude d'internat avec le bourgeron et les godillots, les dortoirs sous les combles à quatre-vingts, l'eau froide pour se laver, «le bol d'air» matinal. Une année austère réservée au travail, sans distraction à l'extérieur.

Le concours était relativement sélectif ; dans ma classe de Cyr I, sur trente-quatre élèves, six reçus ; la chance m'avait favorisé, j'en faisais partie ; j'avais dix-neuf ans.

Comme toujours, le Prytanée avait compté la plus forte proportion de reçus ; comme souvent, il avait fourni le Major, Michel Macé de Gastines[1].

Au 152ème régiment d'infanterie à Mutzig (1946-1947)

Avant d'entrer à l'Ecole, nous devons effectuer un an de Corps de troupe, afin de nous familiariser avec les réalités de la vie de soldat. En octobre 1946, les deux cents reçus du concours sont d'abord rassemblés pendant quatre mois dans un Groupement autonome au camp léger de Mutzig, près de Strasbourg, pour y suivre une sorte de peloton d'élèves-gradés. Nous constatons les difficultés du moment

---

[1] Petit-fils du maréchal Franchet d'Espéray, il sera tué au Tonkin, comme observateur d'artillerie, en 1951 à vingt-trois ans.

dans l'Armée : ainsi nos capotes d'exercice proviennent de résidus de stocks de toutes les armées d'Europe. A l'instruction purement militaire et au sport, s'ajoutent des activités inattendues, comme les travaux de terrassement de pistes ou incompréhensibles, comme la garde des prisonniers allemands dans le camp.

En février 1947, nous sommes répartis dans les régiments d'infanterie. Avec une cinquantaine de camarades, je suis affecté au 152ème régiment d'infanterie, le régiment des Diables Rouges, qui était déjà notre Corps-support à Mutzig. Pour moi, ce choix s'imposait sentimentalement, mon père ayant fait toute la Grande Guerre dans ce régiment (lieutenant en 1914 – commandant en 1918)[2]. Nous sommes nommés sergents en mai ; compte tenu de notre nombre, nous tenons tous les postes de chefs de groupe à l'instruction des appelés ; ainsi dans ma section, nous sommes quatre, tous issus du Prytanée ; Fodéré, Lavault[3], Louis et moi-même.

Ma compagnie est spécialisée dans la présentation aux Autorités du parcours du risque. Mutzig en effet est considéré comme un camp modèle. Le général de Lattre y vient fréquemment en inspection, même le dimanche. Les contrôles se terminent souvent en drames pour les Saints-Cyriens quelques camarades sont mutés dans l'urgence.

En 1947, le climat social est agité et le pays est secoué par de grandes grèves. A trois reprises, nous nous déplaçons à Paris dans les wagons de marchandises au titre du maintien de l'ordre ou de la garde de dépôts.

---

2 J'ai écrit sa biographie, dans le livre «Fantassins sous la mitraille» qui a été honoré du prix Raymond Poincaré de l'UNOR (Union Nationale des Officiers de réserve).
3 Tué au Tonkin à Cao Bang en octobre 1950.

Saint-Cyr — Coëtquidan (1947-1948)

En novembre 1947, nous nous retrouvons au camp de Coëtquidan. Nous défilons à l'occasion des obsèques du Général Leclerc, tragiquement disparu le 28 novembre dans un accident d'avion. Près de trois cents camarades reçus au concours Corps de Troupe et qui ont déjà fait les campagnes de la Libération viennent nous rejoindre. Nous formons ensemble la promotion Général Leclerc.

Les temps sont toujours durs ; le confort est rudimentaire ; nous vivons en chambrées dans des baraques ; à l'intérieur, deux rangées de lits de part et d'autre du couloir central, derrière chacun, une petite armoire ; au centre de la pièce, un poêle à bois. Mon voisin de lit est notre « Père système », Philippe Champagne de Labriolle : totalement dévoué à sa promotion, décontracté et plein d'humour ; il trouvera la mort, hélas, dans un accident de moto à la fin de l'année 1948.

Dans ma section de dix-neuf, trois camarades seront tués au combat : le cavalier Brisgand, le colonial Denis et le légionnaire Laubus.

L'instruction militaire s'étend de l'étude des actes du combattant individuel à l'engagement de la section. Elle se déroule à un rythme intense. Aux exercices de combat succèdent les longues marches de nuit dans les landes couvertes de genêts et de bruyères. Le formalisme est de rigueur. L'élitisme n'est toujours pas en faveur ; la promotion n'aura l'autorisation de défiler en shako et casoar qu'à une seule occasion, le défilé du 14 juillet 1948 sur les Champs-Elysées. A l'amphi-Armes, je choisis l'Artillerie métropolitaine.

L'Ecole d'Application d'Artillerie (1948-1949)

Je la rejoins le 1er octobre 1948. Elle est installée dans le Palatinat allemand, à Idar-Oberstein, dans les locaux imposants et fonctionnels de l'armée allemande. Tout proche, l'important camp de Baumholder nous permet d'effectuer les services en campagne et les écoles à feux.

Nous sommes groupés, par brigade de vingt ; nous vivons dans des chambres à quatre ; pour l'instruction, nous disposons d'une salle particulière ; au mess, nous sommes servis par «les Kellner».

La brigade est commandée par un capitaine ; l'enseignement est de qualité ; il se fait sur des bases techniques. L'emploi du temps est serré mais l'ambiance détendue.

J'en garde un bon souvenir ; pour la première fois, j'ai l'impression d'être traité en futur officier. A l'amphi-garnisons, je choisis Grenoble.

Au 93ème régiment d'artillerie de montagne (1949-1951)

Le 1er octobre 1949, je rejoins à Grenoble le 93ème régiment d'artillerie de montagne (93ème RAM). Je porte «la tarte» des Alpins et les soutaches blanches de l'artillerie de montagne sur l'écusson rouge. Affecté à la batterie d'instruction à Uriage, je me porte volontaire pour suivre les stages à l'Ecole de Haute Montagne à Chamonix. Au retour, je prends le commandement de la section d'observation en haute montagne (SOHM) à Briançon. J'apprécie d'être à la tête d'une petite unité autonome, d'effectuer de longues randonnées dans le cadre majestueux de l'Oisans. L'instruction d'hiver est sanctionnée par les championnats militaires de ski (courses de patrouilles, de relais, concours de tir) et surtout par les raids-concours de deux jours avec bivouac en igloo de onze sections d'éclaireurs-skieurs.

En mai 1951, je reviens à Grenoble. Inscrit au tour de départ pour l'Indochine, je quitte définitivement mon régiment pour suivre à Fréjus pendant quelques semaines le stage préparatoire imposé à tous les officiers en partance pour l'Indochine. Le 18 juin, jour d'élections législatives, je fais mes adieux à ma famille à Lons-le-Saunier pour rejoindre mon port d'embarquement.

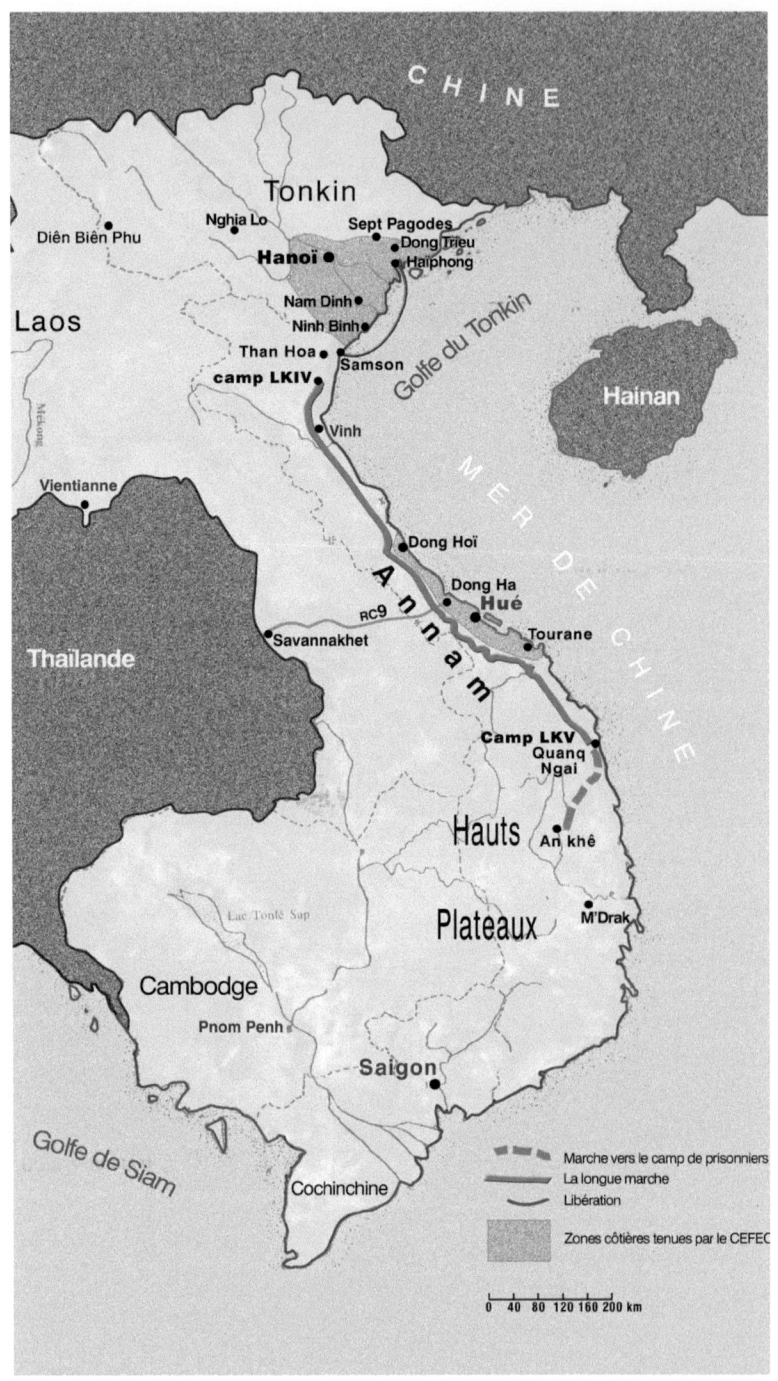

L'Indochine

Le voyage

Première partie
Le Tonkin

Deuxième partie
Sur les Hauts Plateaux d'Annam

Troisième partie
La captivité

Le lieutenant Pierre Jenoudet

Le voyage

Direction : l'Indochine

en partant pour l'Indochine, je n'ai pas d'état d'âme particulier ; je viens servir mon pays dans la guerre, dans le droit fil de mon engagement, comme le font tous mes camarades et comme l'ont fait dans le passé tous nos Grands Anciens. Je viens remplir mon devoir d'officier, à la place que me désignera le Commandement. Certes, je regrette la relative indifférence de l'opinion publique vis-à-vis de la guerre d'Indochine et de ses soldats. Mais le sens de notre combat me paraît clair : restaurer la présence française dans cette partie de l'Empire, en association avec le Vietnam.

Je ne pense pas à une guerre idéologique, à la défense de la démocratie contre le communisme international.

Enfin, je suis très confiant sur l'issue du conflit, assuré de la supériorité de nos forces sur les moyens que je suppose limités des «rebelles» du Vietminh.

La transition vers l'Indochine se fera lentement en trente-trois jours de traversée.

Le mercredi 20 juin 1951, dans l'après-midi, j'embarque à Marseille à bord du Groix, paquebot déjà ancien de la

Compagnie des Chargeurs Réunis, mais modernisé. Peu d'émotion, quelques personnes sur le quai. A bord, quatre-vingts officiers, une centaine de sous-officiers, un important détachement d'environ cinq cents tirailleurs sénégalais et une trentaine de civils. Parmi les officiers, de nombreux camarades de promotion, notamment artilleurs. Je partage ma cabine de première classe avec Georges Marty, mon camarade de chambre à l'Ecole d'Application d'Artillerie et Coince qui vient du 93ème RAM comme moi ; dans la cabine voisine je retrouve Jean Barbotin, Jean Junillon et Raymond Roubert[1].

Nous avons droit à tout le confort que le touriste peut souhaiter trouver sur un navire desservant les Grandes Lignes.

Le 21 juin dans la matinée, nous longeons la côte montagneuse et aride de la Corse, puis vers midi nous passons le détroit de Bonifacio. Le lendemain après-midi, nous côtoyons l'Ile Stromboli ; le volcan a belle allure, comme je l'ai vu au cinéma.

Le soir, nous nous interrogeons pour savoir comment passer le détroit de Messine, car se présentant en oblique par rapport à notre route, il ne se découvre qu'au dernier moment ; sur les deux rives toutes proches, j'observe distinctement, éclairé par le soleil couchant, le maquis calabrais avec son relief accusé, plus loin je découvre Reggio de Calabre ; en face à contre-jour, dans une semi-obscurité et dans la brume, je contemple Messine.

De nouveau la haute mer ; nous croisons d'autres paquebots, des pétroliers et des navires de commerce qui nous prouvent que nous naviguons bien sur la route de Suez.

Arrivés à Port-Saïd, nous ne sommes pas autorisés à quitter le bateau ; il est entouré par une armée de barcasses remplies d'articles de pacotille ; par des cordages, les camelots

---
1 Mort en captivité en 1953.

Le Groix

hissent sur le bateau les objets que nous leur désignons. Sur le pont, un illusionniste, Gulli Gulli, présente avec ses colombes le numéro de prestigitation que tous ceux qui ont fréquenté la ligne d'Extrême-Orient ont pu regarder.

Après la traversée du canal de Suez, nous longeons sur la mer Rouge pendant six longues et pénibles journées les côtes brûlantes de l'Arabie. L'atmosphère est surchauffée ; la nuit, je n'arrive pas à dormir.

A Aden, pour la première fois, nous sommes autorisés à descendre à terre pour quelques heures. J'en profite avec Georges Marty pour louer un taxi. Nous nous promenons un moment dans la ville arabe située à une dizaine de kilomètres. Si nous nous arrêtons, nous sommes immédiatement sollicités par les petits marchands qui nous proposent les objets les plus divers tandis que d'autres indigènes, enturbannés et jambes nues, viennent s'agglomérer autour de nous. Nous rejoignons le Groix.

Celui-ci est à quai ; il refait son plein de charbon ; une passerelle a été placée sur le flanc du navire ; une noria d'Arabes, torses nus, lourdement chargés de sacs sur le dos s'activent de longues heures dans la poussière. Les hublots sont fermés ; encore une nuit torride sans dormir. Changement d'ambiance et de température dès que nous quittons le golfe d'Aden. Nous entrons, à la hauteur de l'île de Socotra, dans l'Océan Indien. La chaleur brûlante a été remplacée par une fraîcheur relative, provoquée par un vent puissant venant de l'équateur, c'est-à-dire à tribord pour le Groix, côté où justement se trouve ma cabine.

Le voyage continue avec une lenteur calculée. Le Groix est un paquebot ancien qui avance majestueusement à la vitesse moyenne de vingt-deux kilomètres à l'heure, les marins disent douze nœuds. Il doit parcourir au total douze mille kilomètres avant d'arriver à destination.

Faute de radio, nous sommes plus ou moins coupés du monde extérieur, n'ayant pour nous renseigner qu'une modeste feuille de nouvelles dactylographiées par le service d'informations du navire.

Le 11 juillet, nous arrivons à Colombo, avec un jour de retard sur le programme prévu ; nous allons y rester deux jours, car le Groix doit réparer une hélice de moteur faussée et des tuyauteries endommagées. Je découvre pendant cette longue escale, un pays exotique tout à fait nouveau et qui tranche, par sa végétation exubérante, son atmosphère saturée d'eau et sa population souriante avec les pays arides, au soleil de plomb et à la population agitée que nous venons de quitter.

Le premier jour, nous découvrons en autocar Colombo, grande ville avec des immeubles imposants et ses larges avenues. Nous visitons un temple bouddhique avec ses énormes dieux aux visages humains. Nous allons au zoo où j'admire en particulier les tortues géantes. Nous reprenons l'autocar, pour déjeuner sur une île, dans un ancien club anglais. Retour par la campagne cingalaise sur une belle route goudronnée.

Le lendemain, le bateau étant toujours en rade, nous circulons en taxi le long de la côte en poussant jusqu'à Negombo, ville touristique située à une centaine de kilomètres au nord de Colombo.

Au retour dans ma cabine, après avoir découvert depuis le départ d'autres paysages, d'autres populations, d'autres modes de vie, c'est-à-dire d'autres civilisations, j'ai le sentiment, jeune métropolitain qui ne s'est jamais beaucoup éloigné de l'hexagone, d'abandonner certains préjugés et d'être plus compréhensif à l'égard de tous ces peuples éloignés de nous.

Notre Groix reprend sa lente traversée de l'Océan Indien ; nous pénétrons dans le détroit de Malacca, longeant de très près la côte luxuriante de Sumatra. Dans la nuit, nous apercevons Singapour illuminée de couleurs multicolores.

Après s'être approché de la ligne de l'équateur, notre navire a viré de bord pour se diriger plein nord vers Saïgon que nous allons atteindre le 23 juillet.

Au petit matin, à tribord, de mon hublot, je contemple l'immensité de la mer de Chine. Soudain, face à moi, je vois surgir dans le lointain le rebord du soleil ; il s'élève rapidement. Plus de cinquante-cinq ans après, l'image et les sensations de ces moments sont encore gravées en moi.

A l'horizon, le demi-cercle rouge incandescent du soleil. Il éclaire l'immensité bleue et vide de la mer de Chine ; tout proche je perçois le bruissement ininterrompu des vagues provoquées par le mouvement du navire ; sur mon visage je respire le souffle humide de la brise marine.

Ce que je ressens profondément : la vision de l'infini, la beauté de la nature dans sa simplicité et sa pureté, le contraste harmonieux des couleurs, la fraîcheur apaisante.

C'est dans cette contemplation, dans cette Lumière[2] que commence ma campagne d'Indochine.

Le Groix a maintenant pénétré dans la rivière de Saïgon dont il suit les nombreux méandres. Au loin, j'aperçois d'autres navires ; comme la berge est près de leur coque, j'ai l'impression curieuse qu'ils avancent non pas sur l'eau mais sur la terre ferme.

Enfin Saïgon. Le 23 juillet 1951, nous sommes arrivés au terme de notre voyage, une traversée qui a duré trente-trois jours.

Nous débarquons. Nous allons passer quelques jours à Saïgon, hébergés au camp des Mares, en attendant notre affectation. J'ai donc le temps de parcourir la ville. Saïgon m'apparaît comme une grande et belle capitale des tropiques, très éloignée de la guerre. Dans le quartier européen règne une grande animation : de grosses voitures croisent de nombreux cyclo-pousses, les cafés sont pleins, les militaires en tenue de sortie, les jeunes femmes passent souriantes et élégantes dans leurs tuniques fendues sur le côté.

Le soir, les enseignes multicolores brillent devant les cinémas et les boîtes de nuit sont remplies de taxi-girls attirantes.

L'arrière tiendra. Les grands états-majors et les services peuvent travailler dans le calme.

---

2 D'où le titre du livre.

I

Au Tonkin

(août 1951 – janvier 1952)

Dans le secteur nord du delta tonkinois

Artilleur à Nghia Lo

Retour à Sept Pagodes

Dans le secteur nord du delta tonkinois

Dong Trieu - Sept Pagodes

L'affectation :
9ème batterie du 69ème régiment d'artillerie

Comme les trois-quarts de mes camarades débarqués, je suis désigné pour rejoindre le Tonkin. A l'aérodrome de Saïgon, début août, j'embarque sur un avion moyen-courrier civil. Survolant dans toute sa longueur la péninsule indochinoise éclairée par un soleil resplendissant, je peux en apprécier dans sa diversité toute sa beauté exotique.

Je débarque à Hanoï où d'emblée je constate l'opposition manifeste avec l'ambiance saïgonnaise. A l'activité, l'éclat et l'insouciance de l'une répond la rigueur, la sobriété et le cachet provincial de l'autre. Hanoï est la capitale en guerre, les soldats sont en tenue de campagne ; leurs véhicules sont nombreux.

Je connais mon unité d'affectation : la 9ème batterie du 69ème régiment d'artillerie à Dong Trieu.

C'est l'une des deux dernières unités d'artillerie de montagne du Corps Expéditionnaire. Venant du 93ème RAM de Grenoble, et à ce titre étiqueté d'une spécialisation Montagne, ma désignation paraît logique. Mais le 69 a gardé son organisation d'avant-guerre, avec ses caractéristiques anciennes :

- Batterie de l'armée d'Afrique, avec des servants marocains,
- Batterie de montagne, équipée de six canons de 75 démontables chacun en fardeaux,
- Batterie muletière où les mulets portent sur bâts les canons démontés et peuvent s'engager sur des pistes en dehors des routes.

La 9ème batterie est la gardienne des traditions du 69ème régiment d'artillerie d'Afrique qui avait eu sa période de gloire en 1944 pendant la campagne d'Italie lorsque, avec ses canons démontés, il avait traversé le massif des Abruzzes sur les arrières de l'armée allemande, l'obligeant à poursuive sa retraite.

En 1947, le IIIème groupe du 69 était parti en Indochine et avait été implanté dans la Haute Région du Tonkin, par unités fractionnées, à la défense des postes à la frontière chinoise. En 1948, il ne restait qu'une seule batterie, la 9ème, affectée en appui direct du groupement des Tabors marocains dans la région de Cao Bang.

Lors des accrochages sanglants dans la région, ses officiers observateurs avaient subi des pertes cruelles : le commandant de batterie, le capitaine Collineau avait été tué ainsi que le lieutenant Rousseau, en avril 1950.

Au moment des combats de la RC4 en octobre 1950, le colonel Lepage avait laissé la batterie à Na Cham ; elle n'avait donc pas été englobée dans le désastre de Cao Bang et avait pu se replier à pied, après un crochet pour défendre Tien Yen, dans la région nord du delta à Dong Trieu.

L'organisation de la batterie

Nous sommes deux officiers à être affectés à la batterie ; avec moi, le lieutenant Guy Messié de ma promotion.

I - Au Tonkin

Après avoir accompli différentes formalités administratives à la base arrière à Haïphong, nous nous présentons à Dong Trieu, le 4 août, à notre commandant de batterie, le lieutenant Bertrand de La Bigne. A la tête d'une grosse unité formant Corps, comptant plus de trois cents hommes et qui devrait normalement être confiée à un capitaine ancien et non à un jeune lieutenant, il assure son commandement avec aisance et nous accueille chaleureusement.

L'unité d'emploi est la section ; la batterie se divise organiquement en trois sections appelées à être engagées séparément et, à ce titre, comptant chacune deux officiers. Elles sont commandées par des lieutenants de la promotion de nos Anciens, Nouveau Bahut. Guy Messié est affecté à la 3ème section et moi à la 1ère avec Glandy. Nous sommes d'emblée intégrés dans une équipe de camarades, sensiblement du même âge et de même formation.

Bien vite je constate, par moi-même et en écoutant mes Anciens que le regroupement de la batterie dans le delta est dû aux circonstances liées à l'abandon de la zone montagneuse du Haut Tonkin. C'est une disposition provisoire qui ne peut être maintenue très longtemps dans cette région plate et humide.

Le déplacement de longues files de mulets sur les diguettes des rizières n'est guère envisageable et difficile à protéger.

Le regroupement des trois sections, en particulier des officiers, est source maintenant de double emploi.

Enfin, en raison de la rétraction de notre dispositif, les unités d'artillerie motorisée, équipées du canon de 105 HM2, peuvent battre de leurs feux la surface étroite du delta à partir des nombreuses routes qui la traversent.

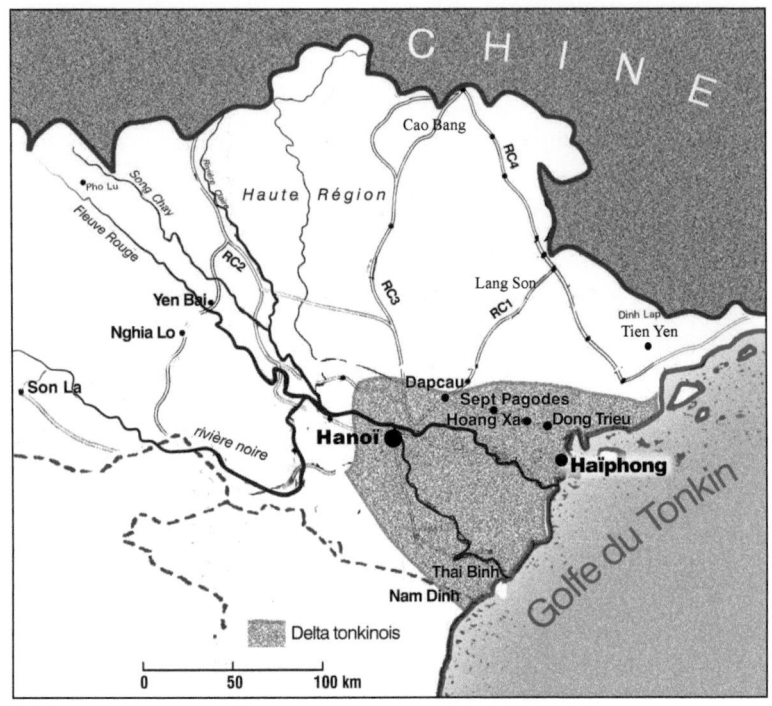

L'activité à Dong Trieu

Le premier ennemi que je rencontre : le climat. Dans la journée, de 10 heures à 16 heures, alors que le soleil est à son zénith, la température devient étouffante et ralentit toute activité. Mais c'est aussi le début de la saison des pluies ; dans l'après-midi le ciel se couvre et l'averse se déverse soudaine et drue. La région est aussi balayée par l'arrivée de queues de typhon dont l'origine se trouve en mer de Chine, un vrai déluge ; déjà à Haïphong, j'avais vu en quelques dizaines de minutes, les rues se transformer en petits cours d'eau atteignant une vingtaine de centimètres et dévalant les pentes. A Dong Trieu, à deux reprises, le vent et la tornade balayent les toits de nos paillotes ; un mauvais moment à passer, ils sont remis en place presque aussitôt envolés.

Dong Trieu est sur la route qui ceinture le nord du Delta, à une quarantaine de kilomètres de Haïphong. Elle a fait l'objet d'une puissante attaque des Viets, fin mars, qui a été repoussée avec de lourdes pertes pour l'assaillant. Une ligne fortifiée, dite ligne de Lattre, est en cours de construction ; partout les bétonnières de la Légion sont en activité. Un Point d'Appui important de quatre blockhaus s'implante à Hoang Xa, entre Dong Trieu et Sept Pagodes. Les officiers du 69 y restent quelques jours par roulement comme observateurs.

Nos activités sont des activités de secteur. Nous sortons en D.L.O (Détachement de Liaison et Observation) avec les Unités qui contrôlent les villages environnants ou qui patrouillent à l'orée du massif montagneux qui nous fait face, notamment avec le 11ème Tabor et la Légion ; nous sommes toujours bien accueillis par nos camarades fantassins. Nous mettons en place des tirs d'arrêt au profit d'unités nouvellement implantées. A l'occasion, nous grimpons dans les calcaires escarpés qui dominent le Song pour assurer la protection des convois fluviaux. La nuit, nos canons sont en surveillance pour protéger les nombreux petits postes de supplétifs qui s'échelonnent sur les routes aux alentours. Le jour, il faut organiser les corvées de bambous ou de bois pour la construction de paillotes. Il faut aussi poursuivre l'instruction, en particulier à l'occasion des sorties dites «bâtées-chargées», c'est-à-dire la marche d'une vingtaine de kilomètres, en section muletière, avec une séance de tirs au fusil dans un champ de tir de circonstance.

Le déplacement à Sept Pagodes

Le 1er septembre, la batterie quitte Dong Trieu pour s'implanter à Sept Pagodes, à une vingtaine de kilomètres à l'ouest. Nous y remplaçons la batterie muletière du 64ème RA, qui a été dissoute pour être transformée en batterie motorisée. Nous restons donc la dernière unité d'artillerie de montagne de l'Armée française, la batterie-témoin. A Sept Pagodes, le paysage change complètement. La montagne s'est éloignée. Située à un confluent de rivières, toute la région dans cette saison des pluies est immergée. Dans toutes les directions stagne une eau jaunâtre parfois ridée par quelques vaguelettes ; on a l'illusion d'être au bord de la mer, ce qui occasionne de magnifiques levers et couchers de soleil. De place en place, de nombreux villages émergent derrière leur ceinture de hauts bambous serrés. La circulation ne peut se faire qu'à pied sur les diguettes et l'observation sur ces étendues plates est très difficile.

La bourgade est semblable à Dong Trieu. Au centre, les commerces, suite d'échoppes plus ou moins minuscules, où l'on peut acheter tout ce dont a besoin dans la vie ordinaire ; rayonnant le long des routes jusqu'à la périphérie, des alignements de paillotes. La sécurité paraît assurée.

Le temps est plus irrégulier et les nuits un peu plus fraîches. Notre activité est toujours soutenue et dans la continuité de celle de Dong Trieu ; sur le plan opérationnel : accompagnement d'unités d'infanterie en reconnaissance de villages ou en ouverture de routes, tirs de protection autour de postes ; sur le plan de l'instruction : service en campagne lors des sorties «bâtées-chargées», tandis qu'au cantonnement il faut sans cesse réparer, améliorer et construire.

Le 12 septembre, la batterie a fêté l'Aïd el Kébir. Les moutons ont été cuits à la marocaine dans des fours construits à cette occasion ; le colonel, commandant l'Artillerie du Tonkin, est venu présider le jury chargé de récompenser le meilleur cuisinier, après avoir assisté à la prise d'armes.

Défilé à Sept Pagodes

Artilleur à Nghia Lo

(octobre 1951)

La désignation et la mission

Le dimanche 23 septembre, dans la matinée, le lieutenant de La Bigne me convoque. Il vient de recevoir un télégramme du Commandant de l'Artillerie du Tonkin, lui demandant de désigner un de ses officiers pour rejoindre la Z.A.N.O (Zone Autonome du Nord Ouest). Il m'a choisi pour cette mission pour laquelle il n'a reçu que peu d'informations ; je dois partir immédiatement pour Hanoï, où des instructions précises me seront données.

Je prépare rapidement ma cantine et en jeep je me rends à Hanoï au Commandement de l'Artillerie du Tonkin, au PC l'Empereur.

Son chef, le colonel Durand, m'accueille dans son vaste bureau. «Vous allez partir, en avion, pour rejoindre Nghia Lo dans le pays thaï». La région est menacée par une division viet, la 312ème. Elle vient de quitter ses bases près de Yen Bai, sur le fleuve Rouge et s'enfonce dans la montagne. Nous en suivons les mouvements grâce à nos services d'écoutes radios. Sur place, vous prendrez le commandement d'une section de deux canons de 75 de montagne. Vous serez aux ordres du commandant du 1er bataillon thaï qui commande le sous secteur».

Le 24 septembre dans l'après-midi, sur l'aérodrome de Hanoï, je prends place dans un petit avion civil en compagnie d'un lieutenant du génie. Nous survolons d'abord la partie occidentale du delta ; j'aperçois Sontay et la vallée

Poste Bas © ECPA

du fleuve Rouge, plus loin la rivière Claire ; ensuite, presque à mes pieds une région montagneuse et très accidentée, couverte de vastes forêts : dans sa partie est, (près du delta), le Viet Minh la contrôle ; dans sa partie ouest, je découvre, très étroite, la route provinciale, la RP13, qui longe la vallée. Enfin, à cent cinquante kilomètres du départ, apparaît la cuvette de Nghia Lo avec son damier de rizières. Nous atterrissons sur le terrain d'aviation contigu au poste.

Sur la position du combat

Là se trouve le PC du 1er bataillon thaï et son chef, le commandant Gérardin. Aussitôt débarqué, il me reçoit. Bel homme, d'apparence jeune, il paraît détendu. Il m'expli-

I - AU TONKIN

que d'abord la situation générale, telle que lui a exposée le général de Linarés, commandant les forces du Tonkin, venu quelques jours auparavant en inspection. Une division viet, la DD 312 à trois régiments[3] et un groupe d'artillerie, est passée à l'offensive. Son objectif initial paraît être la conquête du bassin de Nghia Lo ; en même temps qu'un grenier à riz pour la région, la ville commande l'accès à toute la Haute Région. Aussi le Commandement français a-t-il décidé de faire face et de défendre Nghia Lo à tout prix.

Son sous-secteur est très vaste. Il est tenu par quatre compagnies de tirailleurs thaïs ; elles sont couplées à quatre compagnies de supplétifs, réparties dans de petits postes avancés. Au total, mille six cents hommes, dont cent cinquante Européens. Le moment venu, me précise-t-il, il les repliera et concentrera ses forces à Gia-Hoï à vingt kilomètres au nord-ouest, à Son Buc à une dizaine de kilomètres à l'entrée de la cuvette et surtout au centre, à Nghia Lo, clé et support de l'ensemble.

Ce centre de résistance comprend, outre au nord le point avancé de Ban Tu, deux gros postes jumelés.

Proche de la bourgade, le Poste Bas, sur un monticule, bien enterré, ceinturé de profondes tranchées avec quatre blockhaus, entouré d'un large réseau de barbelés miné. Là, sont installés le PC du bataillon, une compagnie renforcée (cinq mitrailleuses et trois mortiers) et une compagnie de supplétifs.

Le Poste Haut, implanté à près de trois kilomètres au sud-ouest sur un large piton, est tenu dans les mêmes conditions par une compagnie de tirailleurs et ses supplétifs ; deux canons de 75 de montagne viennent d'y être montés ; c'est là que je dois me trouver afin d'exécuter les tirs de protection qu'il me demandera.

---
3 A trois bataillons.

Poste Haut - Le Piton (entourés : les canons) © ECPA

Je me rends au Poste Haut, dit le Piton : Il est commandé par le capitaine Ducrot, récemment arrivé. A une altitude de 464 mètres, qu'il faut gravir par un chemin raide, il domine de deux cents mètres le bassin de Nghia Lo. De cet excellent observatoire, on voit très bien la bourgade et devant, c'est-à-dire plus près de nous, le Poste Bas et son terrain d'aviation. Le bassin, d'une largeur d'environ quatre kilomètres (est-ouest) et d'une longueur d'une dizaine de kilomètres (nord-sud), est recouvert de rizières sèches et parsemé de petits villages et hameaux (trente mille personnes y vivent en temps normal). Alentour, les montagnes couvertes d'une forêt dense s'élèvent rapidement à mille deux cents mètres et davantage ; leurs lisières peuvent constituer pour l'adversaire d'excellents abris et aussi des bases de départ éloignées pour attaquer.

Les deux canons de 75 de montagne sont installés dans des avancées de tranchée. Ils sont placés un peu en équerre et ne peuvent tirer que dans la cuvette. Alors que les objectifs sont proches, avec une dénivelée négative, leur emplacement semi-enterré accroît les difficultés techniques : ne pouvoir utiliser que des charges faibles et être obligé d'en changer, même pour des modifications réduites de portée. Le service des pièces est assuré par des canonniers thaïs, encadrés par deux excellents sous-officiers, le chef Bourgeois et le maréchal des logis Dispérier.

La veillée d'armes

Commence alors la courte période de préparatifs avant l'attaque : vérification du matériel, stockage des munitions, contrôle de l'instruction, préparation des tirs. Le commandant Gérardin ne consent qu'à la mise en place de deux tirs d'arrêt autour du poste «afin de ne pas effrayer la population».

Puis je me rends, monté sur un petit cheval chinois, avec un radio au poste avancé de Ban Tu, au débouché de la vallée au nord, occupé par trois sections de supplétifs ; il est en limite de la portée de nos pièces, à sept kilomètres. En cours d'aménagement, il paraît peu solide. Il est commandé par le lieutenant Renoult[4], de la promotion après la mienne ; je l'ai connu au Prytanée. Il m'indique les tirs de protection à effectuer autour de son poste et nous convenons de leur mode d'emploi. J'en effectue le réglage immédiatement, bavarde un moment avec lui et je prends congé. Je ne le reverrai plus.

Le temps est devenu pluvieux et brumeux.

Le 30 septembre, le capitaine Ducrot m'informe que les Viets sont arrivés à l'est, au contact de nos petits postes

---
4 Mort en captivité.

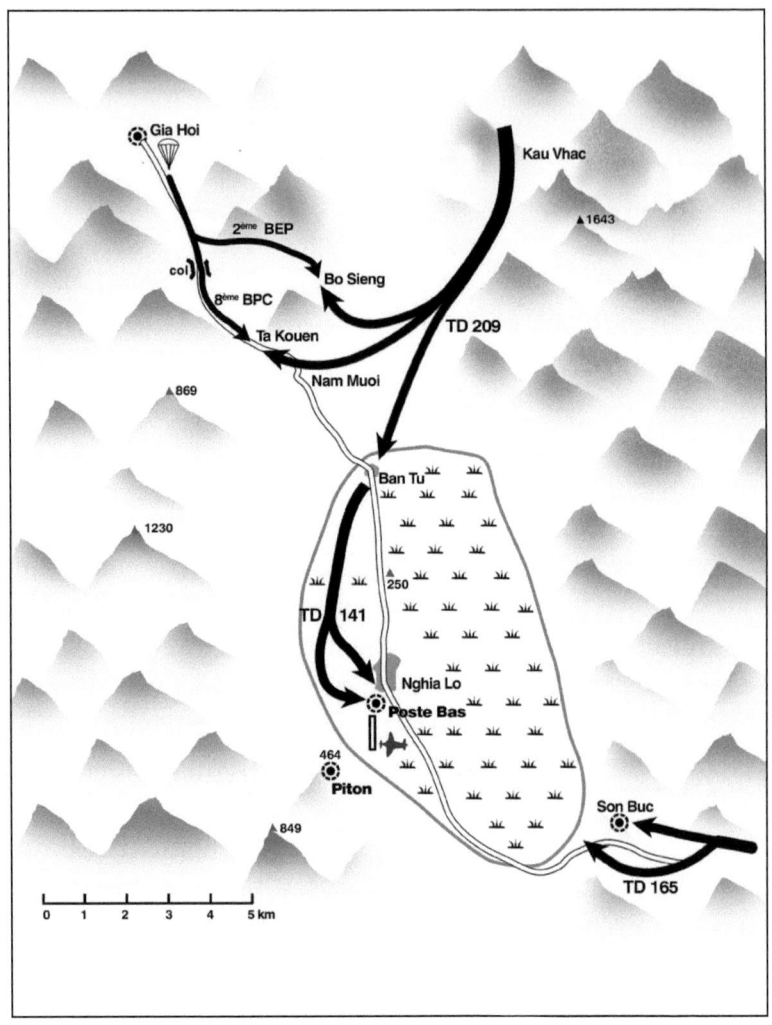

avancés qui se replient et au nord, à Nam Muoi, à dix kilomètres de Nghia Lo.

Le 1er octobre, nous recevons un parachutage supplémentaire de munitions d'artillerie.

Comme chaque nuit, je m'endors impressionné par le calme absolu qui règne dans cette région où l'on n'entend jamais un bruit de moteur.

Les combats préliminaires

Dans la nuit du 1er au 2 octobre, vers minuit, une violente fusillade se fait entendre. Ban Tu est attaqué par un bataillon du 219. Nous déclenchons immédiatement les tirs d'arrêt préparés. Le poste radio du poste n'émet plus ; le servant a été tué. Nous ne recevons aucun des signaux convenus. Nous continuons cependant nos tirs, plus prudemment et en les éloignant.

Au bout d'une heure le silence est revenu. Nous nous réjouissons en pensant que le poste a tenu et que l'ennemi est repoussé.

Vers 3 heures, coup de téléphone du PC. Il nous annonce que Ban Tu est tombé ; une grande partie de la garnison (les deux-tiers environ) avec son armement a rejoint Nghia Lo, sans malheureusement le lieutenant Renoult porté disparu. Sur ordre, nous déclenchons des tirs sur Ban Tu même, entretenus ensuite par quelques tirs de harcèlement.

Sur le Piton, le sergent-chef, qui était chargé de dégoupiller les mines anti-personnels, saute sur l'une d'elle ; la mort est instantanée ; à ses côtés, un soldat est blessé. L'atmosphère est pesante.

Fébrilement chacun se prépare, conscient que l'attaque viet est imminente. La population a disparu dans la montagne. J'ai l'autorisation maintenant de régler les tirs à mon initiative. Je procède ainsi à un piquetage de tirs repérés dans la cuvette, qui permettront en cas de nécessité d'effectuer d'emblée des tirs d'efficacité.

Dans l'après-midi du 2 octobre, le 8ème BPC (bataillon de parachutistes coloniaux) est parachuté à Gia Hoi, pour créer une menace sur les arrières de la colonne principale de la 312ème division. Cette information est apprise avec soulagement et ranime le moral des défenseurs de Nghia Lo. Ceux-ci ne peuvent évidemment savoir que l'action des parachutistes décidée par le général Salan sera une cause majeure de l'échec de l'offensive de Giap.

Déjà la médiocrité des pistes sinueuses de montagne avait obligé le colonel Le Trong Tan, commandant la division 312, à diviser ses moyens en deux colonnes qui devaient se rejoindre dans la cuvette de Nghia Lo. Mais à l'est, le régiment 165, suivi par des centaines de coolies qui portent vivres, munitions et armes lourdes, n'avance que très lentement et très péniblement ; il est retardé aussi par les attaques des petits postes ; il ne sera pas au rendez-vous.

Maintenant l'irruption imprévue du 8ème BPC sur l'arrière de la colonne principale oblige le commandant viet à modifier sa manœuvre : il décide d'une part de détourner deux bataillons du régiment 209 pour faire face aux parachutistes et d'autre part de précipiter l'attaque de Nghia-Lo dès la nuit suivante. Les trois régiments sont donc engagés dans trois actions divergentes.

La concentration des forces viets dans la cuvette n'a pu se réaliser. Elle ne concerne que le seul régiment 141, spécialisé dans l'attaque des postes, renforcé par le dernier bataillon du 209 et le bataillon d'artillerie de montagne.

La première attaque de Nghia-Lo (nuit du 2 au 3 octobre)

Dès 18h30, dans les deux postes, tout le monde est dans les tranchées. La nuit est noire. C'est l'attente.

Vers 4 heures du matin, le tonnerre se déclenche. Les Viets concentrent brutalement tous leurs feux d'appui, canons de 75, mortiers, mitrailleuses, sur le Poste Bas.

Leur action se porte essentiellement sur la partie ouest du poste et au plus près du terrain d'aviation. Mais ce sont justement les zones qui sont les plus visibles du Piton et qui permettent «d'encager» le poste au plus près en raison de la faible dispersion en direction de la trajectoire des obus. Je déclenche immédiatement les tirs d'arrêt qui ont été programmés. Je les commande debout et au dessus de mes deux canons. La salle enterrée du PC de la compagnie est toute proche et je peux y recevoir par téléphone les instructions du commandant Gérardin, car la ligne enterrée qui nous relie au PC du bataillon n'a pas été coupée.

Au début de l'attaque, le commandant m'appelle : «*Arrêtez le tir, vous tirez sur le poste*». Comment ? Impossible de me tromper ; je vois le poste, je suis derrière les pièces, c'est à dire que je distingue la direction des canons par rapport à l'objectif.

Mais il me faut obéir. Ne voulant pas rester passif au moment du plus grand danger, je déplace mes tirs dans la profondeur, dans la zone où doivent se trouver les éléments viets de deuxième échelon et les appuis.

Puis, je suis rappelé par le commandant : « *Reprenez vos tirs à proximité du poste* » – Que s'est-il passé ? Des tirailleurs thaïs d'une autre compagnie, surpris par l'attaque alors qu'ils étaient à l'extérieur du poste, ont tenté de le rejoindre ; certains ont fait sauter des mines ; en même temps, le poste était bombardé par les canons de 75 viets. D'où la méprise dans l'extrême confusion du moment.

Maintenant je peux reprendre à mon initiative les tirs au ras des barbelés. Tirs d'efficacité par rafales de quatre coups par pièce sur des hausses échelonnées, entrecoupés de tirs d'entretien ou de harcèlement, à cadence plus lente, afin de refroidir les tubes.

Du Piton, je vois la mer de flammes provoquée par l'incendie des paillotes du poste, alors que tout autour se relaient dans un tourbillon, les crépitements des mitrailleuses, les explosions des obus, les éclairs des fusants, les fusées multicolores.

De son PC de Hanoï, le général Salan écoute, inquiet, le

compte-rendu qu'il reçoit du Poste Bas par radio. Dans son livre «La fin d'un Empire» il relate ce qu'il entend «*Ça tire de tous les côtés. Le poste du Piton donne à plein et nous encage. Ils sont dans les réseaux. Nous faisons feu de toutes nos armes. Ils se dégagent ... Quel enfer ! Ça gueule de toutes parts ... Ils recommencent ...*»

Nous tirons à «plein tube» : Sur la position des pièces les servants sans interruption préparent les charges, introduisent les obus dans le canon, pointent, font feu, ressortent les douilles brûlantes. Pendant moins de trois heures, sept cents obus de 75 sont tirés, sur une superficie réduite, dont une partie en fusants, car les Viets se sont enterrés dans d'étroits trous individuels.

Au lever du jour, vers 6 heures 30, le calme revient progressivement alors que toute la cuvette est plongée dans un épais brouillard.

L'ennemi, qui n'a jamais pu franchir les barbelés, décroche. Mais par intermittence le brouillard se déchire - Surprise-J'aperçois du Piton, en files indiennes, de petites colonnes viets qui se hâtent pour rejoindre, plus à l'ouest, les couverts de la forêt. Seul mon canon de gauche peut tirer dans cette direction. Alors, sur le parados au dessus de cette pièce, dirigeant approximativement la direction du canon et son inclinaison, comme devaient le faire les canonniers de l'Empire, je déclenche des tirs à vue pendant tout le temps où les Viets sont visibles. Les coups portent, mais une seule pièce tire en charge faible sur de la troupe en mouvement. C'est difficile. Le brouillard est retombé. Le silence se fait définitivement dans la cuvette.

Le poste a victorieusement résisté.

Son chef, le commandant Gérardin a malheureusement été tué alors qu'il observait debout le décrochage de l'adversaire. Mais les pertes sont relativement légères (cinq tués, trente-neuf blessés).

En revanche, devant les barbelés, cent-trente cadavres ont été abandonnés par les Viets avec de nombreuses armes ; une centaine d'autres seront retrouvés un peu plus loin le lendemain. Les Viets ont emmené une partie de leurs morts et leurs blessés.

A 9 heures, le Général Salan est venu en avion survoler Nghia Lo puis Gia Hoi.

Dans l'attente d'un nouvel assaut

Dans la journée du 3 octobre, l'aviation qui n'a pas pu, faute de moyens adaptés, participer à la défense nocturne (contrairement à ce qui est écrit dans de nombreuses publications[5]), est revenue en force, une fois le brouillard levé. Toute la journée elle survole la cuvette. Elle brûle les uns après les autres tous les hameaux d'où s'élèvent brutalement les hautes flammes des paillotes ; c'est un spectacle dantesque ; elle attaque au napalm les lisières des forêts de l'ouest ; sur le terrain d'aviation, «trois toucans» (les JU) se posent dans l'après-midi pour évacuer les blessés du poste ; sur le Piton, elle nous parachute les caisses de munitions de recomplétement.

Dans la nuit du 3 au 4 octobre, le poste de Son Buc est attaqué par un bataillon du régiment 165. Il est hors de portée de nos pièces. Remarquablement implanté sur une hauteur à bords raides, il résiste vaillamment, empêchant ainsi l'arrivée de ce régiment dans la cuvette de Nghia Lo. Il est

---

5 Par exemple Erwan Bergot dans son livre Indochine 1951 écrit « *le chef de la garnison française a été tué mais son adjoint fait appel à l'aviation. En quelques minutes, la nuit est abolie par des dizaines de bombes éclairantes larguées de Dakota tandis que la chasse intervient massivement contre les bodoïs surpris à découvert. Au matin l'assaut ennemi est brisé* ». Cette contre-vérité fut reprise dans de nombreux articles de journalistes avides de sensationnel plus que d'objectivité.

complètement investi car un autre bataillon est placé en embuscade pour empêcher l'arrivée de renforts.

Au Piton, l'énervement est grand : une fusillade spontanée est déclenchée sur un buffle en promenade près des barbelés. Nous effectuons quelques tirs de harcèlement à priori.

Dans la journée du 4 octobre, l'aviation maintient son intense activité.

Dans l'après-midi, le général Salan fait parachuter au sud de Gia-Hoi une deuxième unité, le 2ème BEP (Bataillon Étranger de Parachutistes) en renforcement du 8ème B.P.C dont une compagnie a été durement accrochée la veille dans cette région de jungle épaisse par des éléments du régiment 209.

Devant l'aggravation de la menace créée sur ses arrières par le groupement de parachutistes, le bataillon du 209 qui était devant Nghia Lo rejoint le gros de son régiment pour y faire face.

Mais pour sortir de ce guêpier et retrouver sa liberté d'action, le commandement viet doit enlever Nghia Lo. Du reste, nos services d'écoutes ont capté l'ordre de Giap à Le Trung Tan «*intercepter les parachutistes et anéantir Nghia Lo immédiatement, coûte que coûte.*»

Le régiment 141, renforcé du bataillon lourd, est lancé à nouveau à l'assaut.

La seconde attaque de Nghia Lo
(nuit du 4 au 5 octobre 1951)

Faute de moyens, ou bien faute de temps ou encore faute d'imagination, la manœuvre viet n'a pratiquement pas été modifiée ; elle va aboutir au même échec.

L'attaque débute, une fois encore vers 4 heures du matin en raison probablement du temps nécessaire pour traverser la rizière depuis la forêt et des difficultés de mise en place des unités. C'est manifestement trop tard pour enlever, avant l'arrivée du jour, un poste enterré, en alerte et galvanisé par son succès antérieur.

L'attaque est menée sur deux directions. D'un côté, sur la face ouest, dans des conditions identiques à celle de l'avant-veille. L'autre sur la face nord, à partir de la bourgade, pour mieux échapper à l'effet de nos canons.

Les Viets concentrent brutalement tous leurs feux d'appui, quatre canons de 75 en tir direct, mortiers lourds et mitrailleuses lourdes sur le centre du poste qui a été évacué, car tout le personnel se trouve à la périphérie, dans les tranchées et dans les quatre points d'appui. Le poste entouré de fumées semble écrasé, mais tout autour les éclairs des armes, le bruit des explosions et de la mitraille témoignent de l'acharnement du combat. Le poste tient.

Le Piton n'est pas attaqué et mes deux 75 vont à nouveau pouvoir «matraquer» les Viets dans la cuvette.

Les tirs d'arrêt sont immédiatement déclenchés. Sur la partie ouest, il est facile «d'encager» le poste au plus prêt et de déplacer les tirs latéralement sur les éléments de soutien adverses.

Au nord, les difficultés sont plus grandes car l'observation est très difficile et les risques sont plus graves, puisque les trajectoires passent au dessus du poste avec une forte dispersion en portée. Faute d'un officier d'artillerie au

Poste Bas, les tirs dans cette direction sont demandés par l'énergique capitaine Boilot qui a remplacé le commandant Gérardin.

Au Piton, derrière mes deux canons, je donne les ordres de tir, surveille les pelotons de pièce, encourage les canonniers et surtout observe l'arrivée des coups. Autour des alvéoles s'entassent les douilles et les paquets de charges. Périodiquement, je me rends au PC de la compagnie, téléphone au capitaine Boilot, reçois ses demandes, calcule les éléments des nouveaux tirs, suis informé de leurs résultats. A plusieurs reprises, le capitaine m'exprime sa satisfaction : «*tir en place, c'est formidable.*»

Dans la cuvette, les vagues d'assaut sont contenues ; elles ne parviennent pas à faire brèche dans les défenses. Deux commandos munis de bengalores et de charges d'explosifs parviennent cependant à franchir la première ligne de barbelés ; ils sont anéantis devant les blockhaus.

Pendant près de trois heures, ma section tire pratiquement sans interruption, ce qui ne va pas sans danger. Le 75 de montagne est un matériel ancien et usé, sujet à de graves accidents provoquant des morts ; avant mon arrivée au Tonkin, une pièce de ma batterie avait explosé au cours d'un tir ; il en sera de même pour une des pièces de 75 de Nghia Lo en décembre 1951. Mais pour nous, tout se passera bien. Tous les tirs de neutralisation se font à cadence rapide et sans incident. En excluant les temps morts provoqués par les changements d'objectifs ou le nettoyage des tubes, et en tenant compte des tirs d'entretien exécutés entre les tirs de concentration, la section a tiré pendant moins de trois heures sans interruption ; comme l'avant-veille, sept cents obus[6] (trois cent cinquante par pièce), c'est-à-dire à la cadence maximum autorisée, cent vingt obus par heure et par

---
6 Dont un quart en fusants.

I - Au Tonkin

pièce, mais en la maintenant pendant trois heures d'affilée. Dans l'action, le temps passe vite. Voilà, les premières lueurs de lumière, qui annoncent le lever du jour. Petit à petit, les tirs diminuent d'intensité. Les Viets décrochent pour se mettre à l'abri dans les forêts. La cuvette est plongée dans un épais brouillard. Et le même scénario que celui du 3 octobre se renouvelle. Dans les éclaircies, je revois en contrebas dans la partie de la rizière la plus proche, les petites colonnes viets qui se replient ; beaucoup de blessés ou tués sont portés dans des hamacs. Ils ont déjà parcouru la plus grande partie de la distance qui les sépare de la forêt. Alors comme l'avant-veille, je fais tirer ma pièce de gauche, pratiquement comme à la chasse, «au jugé», en essayant de poursuivre mon «gibier». J'observe des explosions dans leurs rangs, jusqu'à ce que le brouillard retombe définitivement.

Nghia Lo a résisté victorieusement à cette nouvelle attaque. Nos pertes sont légères (cinq tués – vingt blessés). A l'opposé le régiment 141 paie lourdement son nouvel échec. Cent trente-sept tués sont retrouvés devant le poste, six blessés sont fait prisonniers, soixante-dix armes sont restées sur le terrain.

La fin des combats

L'engagement de nos forces va désormais se poursuive hors de la portée de mes canons, de chaque côté de la cuvette.

A l'est, les deux bataillons de parachutistes qui se sont portés isolément en avant vers Nam Muoi, livrent pendant plusieurs jours de très durs combats de rencontre dans la région de Ta Kouen et Bo Sieng, dans la jungle épaisse, face au régiment 209 regroupé. Ils peuvent finalement se dégager et se replier sur Gia Hoï en subissant des pertes cruelles[7] mais en en causant davantage encore à l'ennemi.

A l'ouest, des éléments du régiment 165 attaquent sans succès Son Buc.

Dans la cuvette, l'aviation déploie en permanence pendant toutes ces journées une intense activité. Elle parachute les caisses d'obus pour le recomplètement de nos stocks.

Le 6 octobre, nous sommes témoins du parachutage sur le terrain d'aviation des cinq cents hommes du 10ème BPCP (bataillon parachutiste de chasseurs à pied) dont une compagnie va s'installer sur le Piton.

Dans l'après-midi, un canon de 105 transporté par avion est mis en place au Poste Bas pour appuyer Son Buc qui est toujours attaqué de nuit par les Viets. Bientôt et avec joie, je vais retrouver son chef, l'adjudant Studer que j'ai connu en 1950, à la batterie d'instruction du 93ème régiment d'artillerie de montagne à Uriage, près de Grenoble.

Les jours suivants, l'étreinte viet se desserre, la population rentre dans les villages, l'atmosphère se détend.

Pour ma part, je vais parcourir, autour du Poste Bas, les zones qui ont été particulièrement battues par ma section. Elles sont littéralement truffées de trous : ceux peu profonds provoqués par les obus, mais aussi les trous individuels étroits creusés par les Viets la nuit pour se protéger (cinq cents environ dans la partie ouest du poste et autant dans la partie nord). Dans de larges flaques d'eau, on voit des squelettes, des équipements, des traces de sang. On retrouve les lignes téléphoniques et également l'emplacement d'une pièce de 75. Près de la rivière, là où j'ai effectué au petit matin des tirs à vue, un chef de village me montre deux emplacements. «*Ici, dans ce gué, au moment où les Viets*

---

[7] Ainsi, mon camarade de promotion Guy Truchot : cerné avec sa section, il se défendit avec acharnement. Fait prisonnier, il refusa de se soumettre à la propagande viet et mourut en captivité.

le traversaient, un obus est arrivé sur cette grande pierre et voici la marque.» Et plus loin «*sous ce grand arbre, les Viets qui brancardaient des blessés se sont arrêtés. Un obus est arrivé dans les branchages et a explosé en l'air ; ses éclats ont décimé le groupe.*» Près du village, dans une fosse, trente-huit cadavres ont été dénombrés. Je constate directement les effets meurtriers du 75 sur une troupe se déplaçant en terrain découvert.

Le 8 octobre, le général Salan se pose sur le terrain d'aviation. Il vient féliciter directement les défenseurs. Jeune officier d'artillerie, seul de mon Arme, isolé au Piton, je ne suis pas invité à écouter les éloges exprimés par le «Genesup» au Poste Bas.

La situation générale s'améliore de jour en jour.

Les services d'écoutes ont intercepté les messages de Le Trong Tan à Giap : Les munitions commencent à manquer, les réserves de riz diminuent, la moitié des porteurs a pris la fuite[8], les unités d'assaut ont eu de lourdes pertes, le moral reste stable, sauf au TD 141 «*qui a ressenti quelque tristesse de n'avoir pu liquider Nghia Lo.*» En conclusion, il n'envisage plus de grandes attaques sur les postes fortifiés et fixe au 10 octobre le terme de son offensive.

Après avoir tenté une dernière attaque sur le poste de Son Buc dans la nuit du 8 au 9, l'ennemi se met en retraite, subissant dans la journée les feux de l'aviation.

Le 11 octobre, le 10ème BPCP a délivré Son Buc ; le 15 octobre, la 312ème division a repassé le fleuve Rouge et regagné ses cantonnements de départ.

Par le même avion qui m'a conduit à l'aller, je me rends à Hanoï pour rendre compte au colonel Durand du résultat de ma mission et lui demander de rejoindre ma batterie. A cette occasion, je suis heureux de rencontrer quelques ca-

---

8 Abandonnant les tués : un charnier de plusieurs centaines de cadavres sera découvert à Kau Vac.

Sur le terrain d'aviation de Nghia Lo

marades, en particulier André Bernot avec qui j'ai préparé l'oral de Cyr au Prytanée.

Fin octobre, après un mois en pays thaï, je rejoins mon unité à Sept Pagodes, heureux d'avoir participé, certes avec des moyens de feux réduits, à une bataille victorieuse.

Je m'étais trouvé pour remplir ma mission dans des conditions exceptionnellement favorables.

Sur le Piton, je pouvais à la fois diriger les tirs et les observer ; je cumulais les deux fonctions de l'officier d'artillerie : sur la position des pièces et à l'observatoire d'ensemble. J'étais en outre pratiquement autonome.

Les liaisons étaient assurées grâce à la ligne téléphonique.

Les défauts du canon de 75 de montagne (manque de portée, insuffisance de puissance des obus) étaient supprimés puisque nous tirions à environ trois kilomètres sur du personnel attaquant à découvert.

En revanche, les qualités du canon (qui permettaient de tirer à cadence rapide jusqu'à douze coups à la minute) compensaient en partie la modestie des moyens de feux (deux canons). Enfin, la position n'avait pas fait l'objet de tirs de contre-batterie, ni même de harcèlement.

Le commandement viet avait fait une erreur majeure en n'attaquant pas en priorité le Piton, car dans le combat en montagne «*qui tient les hauts, tient les bas*» et, en plus, au Piton se trouvaient les moyens d'artillerie. Nous avions eu beaucoup de chance.

Comme l'écrit le général Salan «l'affaire est donc bien terminée». Constamment renseigné par son service d'écoutes, il a pu manœuvrer et surprendre l'adversaire par son opération aéroportée. En engageant seulement trois bataillons de sa réserve générale, il a brisé l'offensive contre le pays thaï et contraint onze bataillons viets à la retraite. Nos pertes totales sont de trois cents hommes[9] (trente-six tués, quatre-vingt-seize blessés, cent soixante-trois disparus) contre trois mille environ estimés pour l'adversaire (mille tués – deux mille blessés). «*A Nghia Lo, sur le terrain choisi par lui, je viens de battre Giap.*»

Exprimant sa grande satisfaction, le général Salan vante la manœuvre aéroportée qu'il a menée. Elle sera citée en exemple.

Epilogue. L'attaque viet du 17 octobre 1952

Le général Giap n'a pas abandonné son objectif initial de prendre Nghia Lo et d'occuper le pays thaï. Un an après, en octobre 1952, il l'attaque à nouveau.

Il a fait une autocritique approfondie des causes de son échec en 1951. Il ne refera plus les mêmes et graves erreurs.

---

9 Dont onze officiers.

Le code de chiffrement des messages est modifié avant l'offensive.

Les délais et les priorités pour l'attaque sont changés : Deux régiments de la division 308 seront engagés directement sur Nghia Lo afin d'anticiper toute riposte rapide de l'adversaire.

L'assaut débutera par l'attaque du Piton, jugé le poste principal, avant de se porter sur le Poste Bas. Il sera lancé en fin d'après-midi.

De notre côté, les organisations défensives ont été renforcées mais la section de 75 a été retirée.

Le 14 octobre 1952, Giap passe à l'offensive ; nos petits-postes avancés sont volatilisés.

Le 16, les parachutistes du 6ème BPC (commandant Bigeard) sont largués à Tulé (à 30 kilomètres) tandis que la DD 308 se met en place dans les forêts autour de Nghia Lo.

Le 17, la division 308 attaque Nghia Lo.

A 17 heures, après une puissante concentration de feux, les bo doïs du régiment 102 se portent à l'assaut du Piton ; à 20 heures, la position est enlevée.

Dans la nuit, à 3 heures, le Poste Bas dont les alentours sont éclairés par les avions-lucioles est à son tour attaqué par le régiment 88. La résistance est acharnée mais au petit matin il a succombé.

Le commandement français apprend avec surprise la chute, au premier choc, de Nghia Lo, pivot de sa manœuvre. Il donne l'ordre à ses troupes de se replier sur la rivière Noire et sur Nasan.

Retour à Sept Pagodes

Le 1er novembre, je retrouve avec joie ma batterie et je suis heureux de reprendre contact avec le personnel de ma section[10].

La situation générale dans le delta n'a pas changé. La construction de la ligne fortifiée se termine. Le poste de Hoang Xa est achevé ; il est tenu par des tirailleurs sénégalais. Nous y installons dans des alvéoles trois canons de 75, soit la moitié de notre batterie de tir ; par roulement les officiers s'y succèdent. L'autre moitié de notre batterie reste à Sept Pagodes. Dans toute cette région de rizières, aux villages nombreux et mal contrôlés, des tirs intermittents sont déclenchés en accompagnement des formations d'infanterie en mission de nettoyage de zone. Les consommations journalières d'obus sont très variables, d'une dizaine jusqu'à deux cents en cas d'accrochages sérieux avec des régionaux viets.

A trois reprises, je suis désigné comme observateur fluvial dans des opérations menées en coopération avec la Marine, et pour reprendre la terminologie de l'époque avec une Dinassaut, abréviation pour Division Navale d'Assaut. Composée de petits navires de débarquement et d'un navire de commandement (L.C.I), elle a une mission d'escorte sur le Song Cau d'un convoi de trois remorqueurs, tirant chacun deux chalands. Le marin auprès de qui je suis en liaison est le commandant Abrial, fils de l'amiral qui s'illustra en mai 1940 à Dunkerque. «Le Pacha», chaleureux et détendu, respecte les traditions d'hospitalité et de savoir-vivre de la Royale. J'apprécie le repas à table avec le maître d'hôtel, la boisson glacée servie au bar, les illustrés à feuilleter dans la salle de lecture, le confort de la couchette, et bien sûr

---
10 Le lieutenant Glandy est en stage en Malaisie.

l'observatoire sur la passerelle. Quelles différences avec nos conditions de vie spartiates de terrien ! Le déplacement de la Dinassaut fait l'objet sur les deux rives de mesures de sécurité très sérieuses : implantation de postes fixes d'infanterie, pelotons de blindés qui nous escortent sur les rives, déplacements d'unités d'artillerie, avion d'observation à la demande. Le LCI est lui-même puissamment armé, avec un canon de 75, un canon de 40 et une demi-douzaine de mitrailleuses. Dans ces conditions les Viets ne peuvent s'approcher.

Les déplacements durent trois jours : départ le matin de Sept Pagodes, mouillage la nuit à Dap Cau ; le convoi repart le lendemain, laisse les chalands au point de destination et revient le soir à Dap Cau. Le surlendemain, retour au cantonnement. Comme il est agréable dans ces conditions d'être observateur fluvial. Mais bien sûr, la Dinassaut a été engagée dans des conditions différentes et très risquées, lors de missions de débarquement de vive force ou d'appui rapproché dans des zones de combat.

Début décembre, nous sommes informés que la batterie doit quitter le Tonkin, pour s'implanter sur les Hauts Plateaux du Sud Annam. Nous ne savons pas grand-chose, ni sur notre future mission, ni sur la situation opérationnelle dans ces lointaines contrées.

En fait, notre départ va être retardé jusqu'à la fin janvier. En effet, l'offensive menée par le général de Lattre sur Hoa Binh a été suivie par une réaction du Vietminh, massive et vigoureuse. Pour y faire face il a fallu appeler des renforts venant du delta, ce qui imposait de maintenir sur place les unités restantes.

Si les combats principaux se déroulent sur la Rivière Noire, le Vietminh accroît aussi sa pression dans le delta. Nos Groupements Mobiles doivent intervenir pour s'y opposer.

I - Au Tonkin 57

A Sept Pagodes, j'ai la bonne surprise de revoir successivement mes deux camarades de cabine du Groix : Coince, officier de transmissions d'un groupe d'artillerie et Marty, lieutenant de tir au GACAOF ; et je revois ce dernier criant ses ordres de tir à ses Sénégalais, sur une position très exiguë à l'intérieur de la localité.

De notre côté, nous continuons nos activités antérieures d'artillerie de secteur autour de Sept Pagodes et Hoang Xa : tirs d'arrêt autour d'un poste harcelé, soutien d'une unité en reconnaissance, neutralisation sur des éléments viets en embuscade, car les accrochages sont fréquents. Des pièces de position ayant été implantées dans différents postes de la ligne fortifiée à Boï To, Ben Tam, Camly, je reçois la mission particulière de donner des cours de tir aux sous-officiers, chefs de pièce et de contrôler l'instruction des servants.

A la fin du mois de janvier, le déplacement de la batterie sur les Hauts Plateaux d'Annam est confirmé. Nous devons embarquer à Haïphong début février.

Le 26 janvier, le lieutenant de la Bigne prend l'avion pour recevoir les ordres à Saïgon, puis régler les questions d'implantation des différentes sections sur les Hauts Plateaux ; le lieutenant Glandy part en détachement précurseur ; le lieutenant Messié fait mouvement en véhicules avec les canons d'Hoang Xa.

Le 27 janvier, la population fête le Têt et célèbre avec ferveur la Nouvelle Année vietnamienne.

Le 28 janvier, je quitte Sept Pagodes avec la batterie muletière. Le déplacement se fait en trois étapes. Conformément à la vieille tradition des troupes de montagne, je marche à pied à la tête de la 1ère section ; l'ordonnance me suit en tenant mon cheval par la bride. Le 30 janvier après-midi, après avoir parcouru soixante-dix kilomètres sur le macadam de la grande route, nous atteignons sans incident Haïphong.

Impression au départ du Tonkin

Après six mois de présence au Tonkin, j'ai eu le temps de me faire une idée «sur le tas» de la situation. Elle est différente de celle que j'éprouvais à mon arrivée, en particulier sur le plan du combat.

J'ai pu constater à Nghia Lo avec quel fanatisme et mépris du danger les Viets se battaient. Leur solidité et leur résistance leur permettaient de supporter des privations et des fatigues extrêmes. Ils se renforçaient sans arrêt en capacité de manœuvre et en armement. Ils n'hésitaient plus à nous attaquer.

De notre côté, j'ai pu remarquer l'insuffisance de nos effectifs[11] pour mener «une guerre en surface», afin de contrôler l'ensemble de la population du delta. Une grande partie de nos forces est ainsi immobilisée à attendre les Viets dans des postes, d'où elle ne sort plus la nuit. Nos unités sont de valeur diverse et nous manquons de troupes de choc, comme les bataillons parachutistes.

Finalement, je découvrais que nous étions amenés à mener une guerre défensive, comme le prouvait la construction d'une ligne fortifiée, en profitant de nos atouts techniques, l'aviation et surtout l'artillerie. La manœuvre, c'était d'abord une manœuvre des feux d'artillerie. Nos succès, c'étaient d'abord «des coups d'arrêt».

A Nghia Lo, nous n'avions pas pu poursuivre l'ennemi battu. A Hoa Binh, nous avions finalement dû abandonner le terrain conquis.

---

11 Les effectifs du Corps Expéditionnaire sont de cent vingt-cinq-mille hommes, hors autochtones, soit cinquante-cinq mille Français, trente-mille Nord-Africains, vingt-mille légionnaires et vingt-mille Africains. A comparer avec les effectifs de l'armée américaine en 1968 : cinq cent mille hommes (le contingent y a été envoyé) appuyés par deux mille avions et engagés seulement dans la moitié sud du Vietnam.

La guerre risquait donc d'être longue, en attendant la mise sur pied d'une armée vietnamienne, capable d'abord de nous aider puis de nous remplacer.

II

Sur les Hauts Plateaux d'Annam

Février 1952 — Janvier 1953

Chef de section de 75 de montagne

Les opérations

L'embuscade du 17 janvier 1953

Chef de section de 75 de montagne

Le déplacement Haïphong-Saïgon

Quelques jours sont nécessaires pour préparer le mouvement par voie maritime : reversement de véhicules, échange de postes de transmission, entretien, enlèvement des fers de mulets...

Au centre d'accueil où sont installés les officiers, j'ai le plaisir de retrouver un camarade de ma corniche du Prytanée, Serge Beaumont, qui arrive de France avec ses parachutistes ; quelques années plus tard, il sera tué héroïquement en Algérie et son nom sera donné à une promotion de Saint-Cyr.

Le 2 février, le colonel Durand, commandant l'artillerie du Tonkin, vient saluer la batterie avant son départ. Une prise d'armes est organisée en son honneur.

Notre transport se fait sur deux navires.

Sur le premier, le Kontum, embarquent avec un détachement d'une centaine d'hommes sous les ordres du lieutenant Messié, le matériel et les animaux. Il a fallu aménager une partie de la cale du navire pour la transformer en écurie et entrepôt de fourrage. Les mulets sont hissés, un par un, dans de grands filets actionnés par les grues du navire ; ils agitent frénétiquement leurs pattes dans le vide à travers les mailles de ces filets.

Le 10 février, j'embarque avec le gros de la batterie, sous le commandement du lieutenant de la Bigne, sur l'Ile d'Oléron.

En quittant le Tonkin, je ne peux évidemment envisager que je me retrouverai, à Haïphong, trente mois plus tard en septembre 1954, après avoir traversé à nouveau l'Indochine, mais cette fois par la voie terrestre et pour la plus grande partie à pied.

Le navire fait escale devant le port de Nghia Trang mais nous ne débarquons pas. J'admire de loin la magnifique plage, éclairée par un soleil ardent, qui s'allonge au-delà du bleu indigo de la mer.

Initialement, il avait été question de traverser directement la Cordillère annamitique à partir de Nghia Trang par la RP 21, pour gagner Ban Me Thuot à cent soixante kilomètres sur les Hauts Plateaux. Mais le parcours avait paru trop risqué, dans une région mal contrôlée, sur une route sinueuse et encaissée, propice aux embuscades.

Après avoir entrevu de loin la côte rocheuse et très découpée du Sud-Annam, je redécouvre les méandres de la rivière de Saïgon. Après une navigation de mille sept cents kilomètres, nous débarquons le 13 février et je retrouve les souvenirs de mon premier passage, lors de mon arrivée en Indochine en juillet 1951.

M'Drak

Après quelques jours de préparation, nous montons dans les camions du Train, le 19 février, pour rejoindre Ban Me Thuot, capitale du territoire des Hauts Plateaux, à trois cents kilomètres au nord-est.

La première étape nous conduit à travers la Cochinchine, d'abord dans une région de rizières ; puis nous traversons de grandes forêts et des plantations d'hévéas jusqu'au poste de Trois Frontières, c'est-à-dire à la jonction de la Cochinchine, de l'Annam et du Cambodge. Nous y couchons. Le lendemain, 20 février, nous parvenons à Ban Me Thuot. La batterie va se partager en trois éléments comme son organisation le permet. Le PC de la batterie avec la 2ème section reste à proximité de Ban Me Thuot, dans une plantation d'hévéas, à Chu Sue. Les deux autres sections poursuivent leur mouvement, la 3ème se fixe à près de deux cents kilomètres au nord, à Kontum ; la 1ère section, la mienne, s'implante à M'Drak, à une centaine de kilomètres à l'est.

A la différence de Ban Me Thuot et de Kontum, qui sont des petites villes, le hameau de M'Drak est un «coin perdu» à un carrefour.

D'un côté, la RP 21 qui plonge vers la mer à Ninh Hoa, à une cinquantaine de kilomètres et de là sur Nha Trang. C'est la route que nous devions initialement emprunter pour éviter le détour par Saïgon ; elle est fermée et ne s'ouvre que deux fois par an pour laisser passer un gros convoi dit «convoi du sel».

De l'autre côté au nord, une piste, la RP 21bis qui conduit vers la grande vallée de la Song Ba, à une quarantaine de kilomètres ; deux postes de gardes indigènes la jalonnent à ses débuts. Nous sommes aux confins de la zone rebelle.

M'Drak est facile à situer sur une carte, car il se trouve à proximité de deux sommets de la Cordillère : La Mère et l'Enfant. Tous les collégiens de la Métropole avaient appris à les connaître lorsqu'ils étudiaient en géographie l'Indochine. En me déplaçant sur la RP 21bis, je peux découvrir le rebord de la Cordillère annamitique, couvert entièrement d'une vaste forêt de couleur vert-sombre, terminé par une crête horizontale ; côte à côte, deux énormes rochers grisâtres en émergent dont l'un est deux fois plus haut que l'autre. Ils se ressemblent avec un sommet arrondi sur un socle plus large. L'un culmine à 2 022 mètres, la Mère et l'autre à 2 000 mètres, l'Enfant. J'avoue qu'après avoir admiré dans les Alpes enneigées, le dôme des Ecrins ou la dent de la Meije, cette apparition m'a semblé terne.

M'Drak est un ancien poste de la Garde montagnarde ; il est tenu par une compagnie de tirailleurs du 6ème BM[12] (Bataillon Montagnard). Construit sur une hauteur, dominé par un mirador, il est entouré d'une murette, derrière des palissades de bambou et des barbelés.

Notre arrivée était attendue ; en contrebas d'une face du poste, une écurie avec mangeoire a été construite pour nos mulets avec une toiture en chaume. Nous disposons de deux petits bâtiments en dur ; je m'installe dans l'un avec mes meubles : une petite table, deux chaises, un lit pliant avec une moustiquaire, une cantine. La troupe, en attendant la construction des paillotes, couche sous de grandes tentes-marabouts.

Autour du poste, l'ébauche d'un village, avec le district administratif et son chef, quelques paillotes dont certaines abritent les enfants de la région allant à l'école, «le chinois du coin», quelques échoppes, une scierie dont les bois arrivent à dos d'éléphant. Les indigènes sont les Moïs, habitants primitifs de l'Indochine ; de l'ethnie des Rhadés, ils sont désignés sous le nom de Montagnards. Les hommes portent le pagne et à l'occasion, on les voit se déplacer, une hotte dans le dos, une pipe à la bouche, armés d'une machette ; les femmes aux seins nus tiennent leurs enfants dans les bras ; tout le monde a les jambes découvertes.

Alentour, des mamelons couverts de hautes herbes à éléphant nous dominent de partout. Quasiment pas de circulation de véhicules ; le silence total.

Ambiance tout à fait différente de celle que nous venons de quitter : là-bas, une population évoluée, des espaces sur-

---

12 Dans l'encadrement, se trouvent des anciens du « bataillon des réprouvés ».

peuplés, une activité incessante, des terrains plats, la rizière. Ici une population primitive, des espaces dépeuplés, le vide économique, des terrains vallonnés, la jungle.

Dans le domaine de la sécurité, une différence également majeure ; les Montagnards font partie des ethnies minoritaires qui s'opposent aux Annamites. La population nous soutient. La région est donc relativement calme.

En février, nous arrivons à la fin de la saison des pluies, l'atmosphère est lourde et humide ; des averses matinales puis, l'après-midi, un soleil de plomb.

La section de 75 de montagne

A la section, nous devons être deux officiers ; le lieutenant Glandy, dès son arrivée, a dû s'aliter ; son état empirant, il a été évacué sur Saïgon ; étant en fin de séjour, il ne reviendra pas.

Je prends le commandement de la section.

Quelques semaines après, un officier adjoint m'est annoncé. J'ai la joie de revoir le lieutenant Silvestre Grima, camarade de promotion à Coëtquidan ; nous faisions partie de la même section. «Pied noir» du Constantinois, il parle l'arabe ; il a fait la campagne de la Libération de la France en 1944. Athlétique, de tenue toujours soignée, taciturne, nous nous entendons bien et nous faisons équipe. Il ne restera que quelques mois.

Schématiquement, la section comprend : quatre-vingts hommes – quarante-cinq mulets – deux canons de 75 – une demi-douzaine de véhicules.

L'encadrement

Sept sous-officiers encadrent la troupe.
L'adjudant Pocreau, un Breton à la tête de granit, sec et dévoué à l'extrême. Il connaît par cœur tous les numéros matricules des Marocains. Sa voix retentit dans tout le cantonnement sans jamais être contredite.

Le chef Roux est un colonial avec les qualités correspondantes : débrouillard, le contact facile, prenant des initiatives ; il est chargé des services et de l'aménagement du cantonnement ; je le revois, lissant sa large barbe pour savoir comment il va disposer les bambous.

Le maréchal-ferrand agit dans son domaine de spécialisation en pleine autonomie

Les deux chefs de pièce sont bien différents :

Le maréchal des logis Jourdan, un Alsacien, consciencieux et sûr ; je l'avais connu en métropole, où il servait au 19ème de l'Arme. Bon skieur, il avait participé aux courses de sections d'éclaireurs avec le 93ème RAM.

A ses côtés, le maréchal des logis Talbot ; un colonial au teint coloré ; il cherche à faire au mieux.

Deux sous-officiers marocains complètent l'équipe, à la tête chacun d'un échelon muletier de pièce.

Le maréchal des logis Boudjema, souriant et dévoué ; il donne l'impression de toujours suivre les conseils de son camarade, le maréchal des logis Salah.

Ce dernier est «la pierre de base» de la troupe marocaine ; strict et compétent ; musulman rigoureux, il pratique le Ramadan, même en opérations pendant les périodes de grande chaleur. Il parle très correctement le français et me sert d'interprète.

Un peloton de pièce

Un peloton d'échelon

La troupe

Les Marocains, qui représentent la très grande majorité des effectifs, forment une troupe attachante. Ils ne reculent pas devant le travail et l'effort. Ils sont recrutés pour la plupart dans les tribus berbères des montagnes de l'Atlas ; outre les gradés, plus d'un tiers de l'effectif a plus de huit ans de service, c'est-à-dire, comme ils se présentent, dans leur «troisième quatre ans» ; ils ont participé aux campagnes d'Italie et de la Libération, généralement à ce même régiment, le 69. Tous ces «chibanis» forment l'ossature de la section, donnant l'exemple du dévouement et de la discipline, formant à leur image les autres rengagés et jeunes engagés, les «boujadis».

Dans les pelotons de pièce, les deux pointeurs, les brigadiers Brahim et Béchir, sont des modèles de rigueur et de compétence. En moi-même, je ressens l'injustice de ne pouvoir en raison de leur statut leur faire attribuer les galons, au moins de brigadier-chef, qu'ils méritent depuis longtemps.

Un après-midi par semaine est réservé pour traiter «les chikayas». Les Marocains me transmettent les doléances de leurs familles qui ont des litiges sur place au Maroc : il est question de différents entre voisins, de vols de moutons, de contestations des décisions du caïd…. Salah traduit ; je demande des explications complémentaires, car j'ai souvent du mal à comprendre. Mais il faut montrer notre sollicitude pour nos hommes et je transmets aux officiers des Affaires Indigènes au Maroc.

Le service dans l'artillerie de montagne est dur : plus d'une heure avant le départ, faire le pansage des mulets, aller à l'abreuvoir, mettre les bâts, charger les fardeaux. Ensuite, marcher sous le soleil pendant des heures ; mettre en batterie c'est-à-dire décharger les mulets et monter les canons ; à l'arrivée, refaire en sens inverse les mêmes gestes qu'au départ. Tous les servants sont des hommes vigoureux et durs à la peine.

Certaines fonctions spécialisées, les radios, les mécaniciens, les administratifs sont occupées par des Français, qualifiés d'Européens. Quelques uns, parmi eux, posent des problèmes de discipline. Peut-être, la Direction du Personnel nous considère-t-elle comme une unité disciplinaire, car elle nous mute des engagés en provenance de la Coloniale, certes en opérations valables, mais au cantonnement râleurs et alcooliques ; au versement de la solde, il faut parfois fermer le foyer.

Nous comptons aussi des hommes d'origine différente : Algériens, Antillais et aussi un Sénégalais, M'Baye. Natif de Dakar, il est à ce titre citoyen français ; je me demande comment les Marocains peuvent se reconnaître dans les subtilités du droit français de la citoyenneté. A son sujet, je voudrais rapporter deux petites anecdotes.

Un jour, l'adjudant Pocreau vient me répéter les propos de M'Baye qui, mécontent du repas servi[13], exprime ainsi sa colère «*Le .iz, toujours le .iz ; c'est pas une nou..iture pour les Eu.opéens.*»

Une autre fois, le maréchal des logis Jourdan me rend compte qu'il a fait enfermer M'Baye dans le petit local en dur transformé provisoirement en prison ; il y fait du tapage. Nous nous y rendons. Dans l'obscurité totale et sans un cri débute une bousculade, jusqu'au moment où je m'aperçois que je m'écharpe avec Jourdan ... dans le noir, M'Baye était devenu invisible !

J'apprécie pleinement le commandement qui m'est confié.

D'abord, ne suis-je pas quasiment autonome ? Mes chefs sont à cent kilomètres et les liaisons épisodiques. Du reste,

---

13 Il mange au réfectoire des «Européens».

j'avais un peu connu cette situation au 93 dans le Briançonnais ; pendant l'hiver en 1951, mon commandant de groupe était venu en inspection ; le col du Lautaret étant fermé, il était arrivé en train par Gap ; il avait voulu «chausser les skis» pour se rendre au fort des Gondrans où il avait combattu en 1940 ; au retour, il avait fait une mauvaise chute peu avant l'arrivée ; craignant une petite entorse, je l'avais accompagné à la gare de Briançon et aidé à monter les marches du train. En téléphonant le lendemain au PC du régiment, je reçus la réponse suivante ; «*Mais, comment, vous ne savez pas ? Il s'est cassé la jambe...*» Je ne fus plus inspecté !

Ma section avait gardé les traditions de l'Armée d'Afrique, où le Chef a droit à des égards particuliers. Il est «le Caïd».

Mon ordonnance Allal, ancien goumier et vieux chibani, dans son «dernier quatre ans», est aux petits soins, veille à tous les détails, s'occupe de tout le «koulchi». Je le retrouverai en 1956, par le plus grand des hasards, au Maroc sur la place de Kasbah Tadla ; j'ai eu les plus grandes difficultés à lui expliquer que je n'avais plus besoin de lui.

Mon «ordonnance de cheval», Mustapha, est un magnifique Boulaya (barbu) dont le teint sombre témoigne de son origine dans le Sud-Maroc. A ma demande, il me présente mon cheval, sellé et harnaché. En l'occurrence, une superbe jument de couleur alezan, au chanfrein blanc, Colombe ; très douce d'allure, elle avait été laissée sur place au départ des unités anglaises ; entraînée pour les matchs de polo, elle vire en pleine vitesse à angle droit.

J'ai évidemment ma jeep ; à l'échelon, un mulet m'est réservé pour porter mes impedimenta, ma grande tente et ma cantine.

La section possède son fanion, à la hampe de laquelle pend une longue queue de mulet. Le piquet d'honneur,

Un temps de galop avec Colombe

composé des plus beaux briscards, a fière allure, aligné à son côté.

Tels sont les éléments d'autonomie et de prestige que j'ai connus, comme jeune lieutenant. Au cours de ma carrière, je ne les retrouverai plus. J'en garde encore la nostalgie avec des sentiments de joie et de reconnaissance pour tous ces «braves», disciplinés et vigoureux, fiers d'appartenir à une communauté de soldats et toujours fidèles à leur devoir militaire.

La vie au cantonnement

Le rythme de la vie est différent de celui que nous avons connu au Tonkin. Là bas, dans les espaces réduits du delta, les déplacements opérationnels sont fréquents, de courte durée et à faible distance. Ici, sur les vastes étendues des Hauts Plateaux, les mouvements seront espacés dans le temps, loin de notre base de départ, parfois jusqu'à trois cents kilomètres ; les opérations dureront des semaines. Entre ces opérations isolées, nous passerons donc une partie de notre temps au cantonnement.

A notre arrivée, à l'exception de l'écurie, tout est à faire. Le personnel est fort occupé : récupération de bambous dans les forêts voisines pour la construction de paillotes, mise en état de défense de la position : creusement des tranchées, pose de barbelés, édification de blockhaus, enfouissement des pièces et des munitions.

Le contrôle de l'instruction d'artillerie se fait lors des services en campagne programmés périodiquement. La section est rangée en bataille, les hommes coiffés du chapeau de brousse sont alignés avec les quarante mulets chargés. En quelques phrases, je les harangue ; Salah traduit. Précédés par une équipe de protection nous partons, en file indienne, pour une marche de vingt à trente kilomètres dans les zones inhabitées des alentours. Le personnel des pièces est très entraîné. Les mises en batterie se font en moins de dix minutes. Les mulets arrivent immuablement dans l'ordre où les fardeaux doivent être montés : le mulet-roues, puis le mulet-flèches, affût, tube, culasse, boucliers, enfin les mulets-munitions qui transportent dans les coffres cent coups par pièce.

Nous procédons à nos écoles à feu : nous commençons par les tirs de réglage et terminons par la séquence des tirs de protection rapprochée ; au commandement «débouchez à zéro», nous nous protégeons car l'obus explose en fusant à une centaine de mètres en avant.

Les liaisons avec le PC à Ban Me Thuot sont hebdomadaires, pour le ravitaillement, la maintenance des matériels ou le courrier. Je suis abonné au *Monde* et je reçois à cette occasion une pile de journaux que je lis en bloc ; je peux comparer ce qui est présenté à l'opinion publique sur les événements d'Indochine et ce que je ressens sur le terrain.

Les consultations médicales pour les cas urgents se font par radio. En fonction des indications que nous donnons sur l'état du malade, le médecin décide ou non une évacuation immédiate ou à la prochaine liaison.

A M'Drak, les loisirs sont bien sûr inexistants.

Chaque jour, je fais un long temps de galop sur Colombe tout autour du poste.

Dans cette région où le gibier pullule, je vais à la chasse. J'ai fait acheter une lampe de tête semblable à celle que portent les mineurs. A la nuit nous partons en dodge, à quelques kilomètres, avec le chef de village et quelques hommes ; dans les fourrés, nous apercevons les ombres des cerfs et des biches ; l'ordinaire du lendemain en sera amélioré.

Plus tard, des battues périodiques seront organisées ; dans

la zone reconnue, un véhicule partira de jour pour y patrouiller ; il reviendra chaque fois avec un tableau de chasse impressionnant.

Retour de chasse

Les opérations

Les conditions d'emploi

Au début de la rébellion les sections muletières ont montré leur efficacité sur les pistes de la Haute Région du Tonkin, face à un ennemi faiblement équipé et dispersé par quelques coups de canon. La petite guerre du début avait ensuite fait place à la vraie guerre et à notre repli dans le delta. Faute de pouvoir engager les mulets dans les rizières, la batterie du 69 avait dû en être retirée.

Mais les mulets vont montrer, sur les Hauts Plateaux également, que leur emploi est difficile. Aux confins de la Cordillère les terrains sont souvent boisés et parfois humides ; les pistes exigües et glissantes, traversées par de nombreuses et profondes rivières aux berges escarpées. En outre, les longues colonnes de mulets, impossibles à protéger, peuvent être des cibles faciles pour un ennemi en embuscade.

Il a donc fallu prévoir la transformation occasionnelle de la section muletière en section motorisée. Cela ne pose pas de vraies difficultés : les canons démontés sont transportés chacun dans une camionnette dodge ; les munitions et les impedimenta dans deux camions.

Notre emploi sera donc alternatif :

Dans les terrains difficiles d'accès aux véhicules et où le Viet n'est pas en force, la section sera engagée avec ses mulets.

Dans les zones où les unités régulières du Vietminh sont identifiées aux abords des localités ou des routes, notre section se portera sur les lieux en véhicules.

Mais ces aménagements ne pourront cependant pas ca-

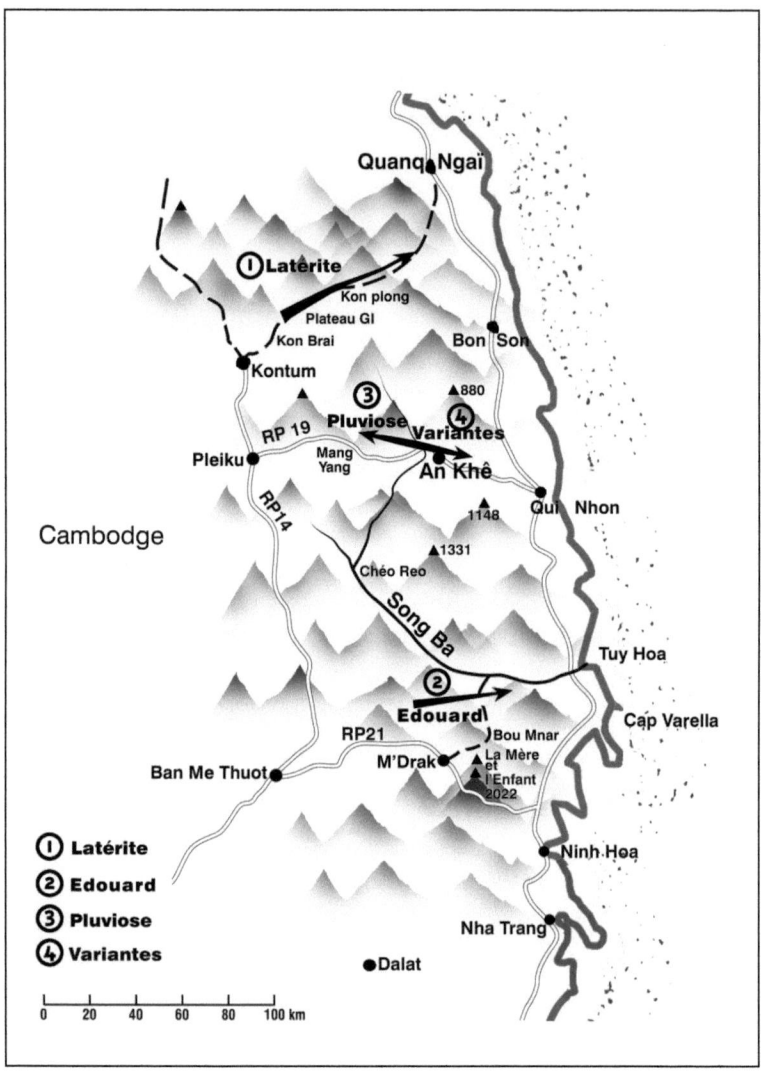

cher les défectuosités d'une organisation qui était de moins en moins à la hauteur des circonstances.

Au printemps 1952, les unités implantées sur les Hauts Plateaux sont organisées en une grande unité, la 4ème division vietnamienne, dans le cadre de la constitution de la nouvelle armée vietnamienne.

La 9ème batterie du 69ème régiment d'artillerie d'Afrique (9/69 RAA) change d'appellation. Elle devient la 1ère batterie du IVème groupe d'artillerie vietnamienne, la 1/IV GAVN. Mais elle garde strictement la même organisation et le même personnel marocain.

Les opérations sur les Hauts Plateaux vont s'effectuer dans la région de la Cordillère annamitique et dans les trois zones de passage vers la plaine côtière tenue par le Viet Minh :
- au nord, sur l'axe Kontum – Quanq Ngai,
- au centre, dans la région d'An Khê,
- au sud, dans la vallée de la Song Ba.

L'opération Latérite[14] ①

Elle se déroule dans le secteur nord, le long de l'ancienne route qui de Kontum mène à la mer. Trois postes ont été installés au-delà de Kontum, à quinze kilomètres l'un de l'autre : Kon Brai, Plateau GI, Kon plong.

L'opération partant de Kon plong se présente sous la forme d'un raid mené en avant-garde par les supplétifs Hrés du GCMA[15], soutenus par des bataillons de Montagnards. L'objectif est de s'implanter à une quarantaine de kilomètres plus à l'est dans la région d'origine de l'ethnie des Hrés.

L'offensive débute fin avril. La section muletière de 75 de Kontum est poussée à Kon plong. Le lieutenant Grima est détaché en DLO auprès du 5ème B.M.

La première phase de l'opération se déroule sans incident. Mais l'arrivée de nos forces sur le rebord de la plaine côtière impose au Vietminh de réagir vigoureusement ; il

---
14 Voir carte page 78.
15 Groupement de Commandos Mixtes Aéroportés.

engage ses deux régiments de réguliers, les TD 108 et 803, les unités Chuluks.

Début mai, des combats intermittents se déroulent dans la jungle et dans la forêt.

Le 5 mai, les Chuluks déclenchent une contre-attaque générale. Les unités Hrés sont bousculées ; le lieutenant de Montauzan que j'avais connu en 1950 à l'EHM de Chamonix est tué. Le 5ème BM est sévèrement accroché, le lieutenant Grima peut se dégager mais son radio perd son poste 609.

Nos unités retraitent sur Konplong puis sur le plateau GI.

Je reçois l'ordre d'engager ma section, en unité portée sur véhicules. Je rejoins la position le 11 mai. Toute la batterie se reforme, par regroupement des sections, sous le commandement du lieutenant de la Bigne. Un môle de résistance avec trois bataillons montagnards est constitué autour du plateau GI. Nous l'appuyons de nos feux.

Mais les Viets ne recherchent plus l'action de force. Nous tirons de façon épisodique, sous la forme de tirs d'arrêt ou de protection autour des Points d'Appui, tirs d'accompagnement au profit d'unités en déplacement, tirs de harcèlement sur les points de passage obligés. Les résultats n'apparaissent pas toujours évidents mais tous ces mouvements dans une région difficile et en pleine chaleur sont fatiguants et irritants.

Le 3 juin, nous recevons l'ordre du retour. Nous nous retrouvons à M'Drak, environ un mois après notre départ.

L'opération Edouard[16] ②

Cette opération, à une trentaine de kilomètres au nord de M'Drak, a pour but la fouille de la vallée du Song Cau,

---
16 Voir carte page 78.

affluent du Song Ba. C'est une région propice aux infiltrations venant de la plaine de Tuy Hoa, en raison de la large coupure de la Cordillère par le fleuve.

Nous sommes engagés, à la mi-juin, en appui d'un groupement de deux bataillons montagnards sous les ordres du commandant Le Morillon. Partis en section muletière, nous nous installons sur une première position auprès du poste de Bou Mnar, à une quinzaine de kilomètres de M'Drak au pied de la Cordillère. Suivant la progression des Montagnards, nous nous portons à Bung Tun, à une dizaine de kilomètres du Song Ba.

Le mouvement se fait sur un terrain boisé et mamelonné, mais dans des conditions relativement normales, car le sol est dur en raison de la forte chaleur.

La fouille du terrain donne l'occasion de trouver des caches et de petits dépôts. Mais «les guérilleros» qui se trouvent dans la région sont dispersés par petits groupes et ne recherchent pas le contact. Quelques accrochages ont lieu ; nous tirons à l'occasion quelques rafales d'obus sur des objectifs fugitifs. Notre présence et notre action ont surtout un rôle psychologique : donner confiance à des unités qui pourraient compter sur les feux d'artillerie en cas d'engagements sérieux ; l'ennemi pourrait en effet engager des unités régionales, en raison de la proximité de leur implantation dans la plaine. Nous rentrons à M'Drak le 3 juillet, après trois semaines de campagne.

L'été à M'Drak

Nous allons passer l'été au cantonnement à M'Drak.

Fin juillet, avec retard, nous avons fêté l'Aid el Sghir avec tout le faste désiré : tentes et chambrées décorées avec les chèches et les ceintures de flanelle rouge ; trois moutons sortis tout chauds pour la dégustation immédiate, repas marocain avec le méchoui, le couscous, les beignets, les dattes et les olives, le thé à la menthe et le café très sucré.

Notre commandant de batterie, le lieutenant de La Bigne, arrivé en fin de séjour, nous quitte. Nous le regretterons. Il est remplacé par le lieutenant Bousquet, un méridional volubile, empressé et qui se complaît dans son PC. Etant le plus ancien des chefs de section, je suis chargé de l'introniser à la batterie ; je me rends à Ban Me Thuot, pour le faire reconnaître comme notre chef à l'occasion d'une prise d'armes.

La chaleur est étouffante, les jours passent lentement. Peu de faits saillants : un Marocain, devenu à moitié fou, disparaît ; il est retrouvé à une vingtaine de kilomètres, complètement épuisé ; il part pour l'hôpital psychiatrique.

Le 31 août nous fêtons, avec le même éclat que précédemment, l'Aid el Kebir. L'après-midi, la course de «brêles» constitue «le clou» des manifestations ; je ris de tout cœur en voyant les Marocains juchés sur le dos des mulets, lancés à fond de train dans une cavalcade effrénée le long de la route en pente qui descend devant le cantonnement ; leurs rires et leurs jurons ponctuent leurs efforts vains pour éviter des chutes inévitables.

Le «jaunissement» de la section a commencé : un sous-lieutenant vietnamien Than, est affecté ; jeune étudiant de Saïgon, intelligent et sérieux, il a suivi un stage d'officiers ; il gagne d'emblée ma confiance ; il manque évidemment d'autorité dans un milieu nouveau pour lui ; il parle le français avec élégance et je le charge, en particulier, de diriger les cours de français donnés à ceux de nos canonniers qui ne le comprennent guère.

Avec Than, une douzaine de Vietnamiens sont incorporés pour remplacer les Marocains rapatriables. Il faut prévoir trois ordinaires différents, il faut surtout harmoniser les rapports entre soldats de plusieurs races différentes, aux mentalités distinctes et aux réactions dissemblables.

Parmi les rapatriés, mon ordonnance Allal. Contrairement aux habitudes, je le remplace par un boujadi, Mohamed ou Driss, un jeune chleuh, originaire de la région d'Immouzer dans le Moyen Atlas, dynamique, souriant, toujours courant.

Les opérations de l'automne

Début septembre, le commandant des Hauts Plateaux, en raison de nombreux renseignements qu'il a reçus, craint une offensive viet au nord, dans la région où s'était déroulée l'opération Latérite. Il renforce et adapte son dispositif pour y faire face. La section d'artillerie de Kontum est poussée sur le plateau G.I. Je reçois un ordre de mouvement pour mettre mes canons au poste de Kon Braï en deuxième échelon ; le déplacement se fait en section portée sur les dodges. Mais, l'offensive envisagée n'a pas lieu. Nous revenons, à Pleiku, et finalement nous rejoignons M'Drak à la fin septembre.

Là, nous nous retrouvons en plein milieu de la saison des pluies. Des averses diluviennes tombent presque sans arrêt, entrecoupées de courtes périodes de crachin et de brouillard, le soleil a disparu. L'eau envahit les tranchées, où elle se transforme en boue ; le toit d'une soute s'effondre. Nos canonniers se transforment en pompiers-éclusiers.

A l'occasion d'une fête, le chef de village a réuni les habitants de M'Drak et nous a invités à assister à un après-midi folklorique ; nous sommes reçus avec sympathie ; avec une longue pipette, je bois l'alcool de riz dans la jarre ; j'apprécie modérément.

Il est question de transformer notre batterie muletière en

Fête chez les Montagnards

batterie motorisée, équipée du canon de 105 HM2 américain. Différentes mesures préparatoires sont décidées : la 2ème section basée à Ban Mé Thuot est dissoute et son personnel marocain est réparti dans les deux sections restantes. En échange nos Vietnamiens sont mutés et regroupés dans un centre d'instruction. Ma section retrouve la structure homogène qu'elle possédait à son arrivée sur les Hauts Plateaux.

L'Opération Pluviose[17] ③

Vers le 20 octobre, nous sommes rappelés sur Pleiku. La section se déplace au complet en unité muletière. Une opération dénommée Pluviose a pour objectif de nettoyer une zone d'accès difficile au nord de la RP 19 (Pleiku-An Khê) dans la région au nord du col du Mang Yang, à une vingtaine de kilomètres à l'ouest d'An Khê. Elle est placée sous les ordres du commandant Le Morillon avec des éléments de trois bataillons montagnards appuyés par ma section de 75. Deux groupements cloisonnent de chaque côté la zone où nos services de renseignements craignent que les Viets installent une base opérationnelle ; le troisième groupement, soutenu par ma section d'artillerie, s'avance dans la nature entre les deux autres pour procéder à la destruction de cette base.

Le temps est exécrable et des pluies diluviennes tombent presque sans interruption. Nos deux canons appuient la progression initiale, en position près de la route. Puis, il nous faut à notre tour nous engager en «rase campagne» pour suivre le mouvement de l'infanterie. Le terrain est complètement détrempé, les pistes à peine marquées, les ruisseaux débordent. Dès le début, les difficultés de la progression sont énormes et elles ne feront que s'aggraver. Les mulets

17 Voir carte page 78.

glissent sur le sol spongieux, essaient de se reprendre, puis basculent d'un seul coup. Les servants s'affairent ; il faut enlever les lourds fardeaux du canon, défaire le bât, remettre le mulet sur pied et rebâter, tandis que la colonne est arrêtée. Je reste avec mes Marocains en les encourageant à la persévérance. Ils n'en ont pas besoin ; ils vont avec le calme des vieilles troupes, sans récrimination, poursuivre la piste jusqu'au terme fixé.

Tout notre trajet d'une dizaine de kilomètres a été un long chemin de peine et de souffrance pour les hommes et pour les bêtes. Une cinquantaine de chutes de mulets, une progression d'environ un kilomètre à l'heure, une arrivée à la nuit après douze heures d'efforts ; il faut ensuite soigner les animaux.

Nous allons rester environ une semaine dans cette contrée ingrate et montagneuse, d'où la population s'est enfuie. Comme toujours, quelques accrochages sporadiques ont lieu avec de petits groupes de guérilleros qui évitent le combat ; nous tirons quelques coups de canon pour témoigner de notre présence. Le 2 novembre, le commandant Le Morillon annonce la fin de Pluviose. Nous regagnons Pleiku ; une dizaine d'hommes y sont hospitalisés et une vingtaine de mulets blessés se font soigner à l'infirmerie vétérinaire. J'adresse un compte-rendu pour relater ces faits et demander que la section ne soit plus engagée en unité muletière dans des conditions aussi déplorables sur des pistes non aménagées et pendant la saison des pluies.

L'opération Variantes[18] ④

Nous allons encore être appelés dans la région d'An Khê à la mi-novembre. C'est l'opération Variantes sous les ordres

---
18 Voir carte page 78.

du commandant Clauzon avec deux bataillons montagnards. Avec soulagement, j'apprends que nous partons en section portée avec les camionnettes. Il s'agit plutôt d'un raid de quelques journées à la limite de la zone viet. Nos deux canons peuvent s'installer côte à côte dans un «mouchoir de poche» ; nous prenons ainsi position dans les virages de la RP 19 qui descend brusquement [19]du col du Deo Mang vers la mer à Qui Nhon. Nous pouvons appuyer les Montagnards qui font une opération de va-et-vient à une dizaine de kilomètres de là. Fin novembre nous regagnons M'Drak définitivement pour y passer la fin de l'année 1952.

Impressions du moment

Après un an de campagne, j'ai pu constater l'inadaptation de notre Unité à son emploi sur les Hauts Plateaux, autant par sa structure que par son matériel, alors que notre ennemi se renforce sans arrêt.

D'abord, son utilisation sur des pistes dans la jungle ne correspond plus à la conception tactique du commandement. Celui-ci n'engage guère ses unités que sur les routes et sur leurs abords, jusqu'à une dizaine de kilomètres, sous la protection des feux de l'artillerie. Le Viet est devenu maître de la campagne où il passe partout, même avec ses armes lourdes portées par des dizaines de coolies.

Ensuite, le déplacement des canons dans les camionnettes n'est qu'un «pis-aller», car le gros de la section reste au cantonnement, ce qui pour les effectifs représentent une perte de rentabilité considérable.

Enfin, le canon de 75, aussi bien pour sa portée que pour les effets de ses obus, manque de puissance. L'utilisation en section de deux pièces aggrave encore cette déficience.

---
19 Plus de cinq cents mètres de dénivelée en deux kilomètres.

Au terme normal de cette évolution, que je ne connaîtrai pas, la dernière batterie de montagne de l'artillerie en Indochine sera transformée en batterie motorisée, équipée comme les autres du canon américain de 105 HM2.

Mais si j'avais connu des déconvenues dans l'emploi opérationnel de ma section, j'avais aussi éprouvé de profondes satisfactions à commander une unité autonome, composée de personnel valeureux et attachant. Cette compensation me paraissait plus importante.

Après dix-huit mois passés en Indochine, mon impression d'ensemble avait encore évolué.

Sur les Hauts Plateaux, la seule action offensive sérieuse dans le Nord (opération Latérite) avait vite «tourné court». Les différentes opérations de «nettoyage» aux confins de la Cordillère n'avaient guère donné de résultats. Un statu quo précaire subsistait. Grâce à sa légèreté et à sa fluidité, notre adversaire échappait pratiquement à notre emprise.

Au Tonkin, où était concentré l'essentiel des forces, nous tentions avec plus ou moins de réussite de contrer les offensives de Giap.

J'en déduisais que nos forces s'équilibraient. Le Vietminh ne pourrait pas plus s'emparer du delta tonkinois ou des Hauts Plateaux que nous de ses territoires. Aucune solution militaire ne s'imposait et le gouvernement paraissait incapable de trouver une issue politique.

Comme pour la Corée, nous devions probablement nous acheminer vers une internationalisation du conflit. La solution se trouverait davantage à Washington, Moscou et Pékin que directement sur place entre les deux adversaires.

Ces considérations ne changeaient en rien ma détermination à accomplir ma mission. Mon moral restait intact.

L'embuscade

Les fêtes de Noël et du Nouvel An se passent au cantonnement à M'Drak. Au cours d'une réunion sous leur tente, les sous-officiers de la section m'ont offert un petit cadeau-souvenir, en témoignage de leur attachement. Le temps gris et humide ne porte pas à l'optimisme. Nous vivons dans l'attente.

Mise en route sur Pleiku-An Khê

Début janvier, mise en alerte ; je reçois l'ordre de porter la section d'artillerie sur Pleiku ; le mouvement doit se faire avec les véhicules. Les préparatifs s'effectuent avec promptitude, les canons démontés dans les camionnettes, les munitions et les impedimenta dans les camions. En jeep, je prends la tête de mon petit convoi pour rejoindre sans incident mon point de destination.

Le commandement s'attend à une attaque viet sur le nord des Hauts Plateaux ; les renseignements d'agents, les écoutes radio, les reconnaissances d'aviation sont concordants : constitutions de dépôts de riz, rassemblements de troupes au sud de Quanq Ngai et vers Bong Son, mobilisation de propriétaires de chevaux, concentrations de coolies. Deux régions peuvent être menacées : au nord, celle du plateau GI, théâtre de l'opération Latérite au printemps dernier ; au sud, An Khê.

La menace jugée prioritaire est celle du nord. En accompagnement d'unités montagnardes, la section d'artillerie de Kontum y a été poussée, le lieutenant Grima y a été également envoyé.

A Pleiku, nous sommes au carrefour de la RP 14 vers Kontum et de la RP 19 sur An Khê, à la «poignée de l'éventail», pour pouvoir agir dans ces deux directions. Nous nous installons dans les bâtiments que nous avons déjà occupés en novembre.

14 janvier, coup de tonnerre. Les Viets ont attaqué dans la nuit et par surprise les postes protégeant An Khê ; celui de Cuu An a été enlevé rapidement, celui de Tu Thuy a résisté pendant trois heures avant d'être submergé, celui de Kanack a reçu l'ordre d'évacuation. D'urgence il faut renforcer An Khê.

Au début de l'après-midi, je prends place dans une colonne de véhicules qui comprend, outre ma section d'artillerie, un peloton blindé, trois compagnies du 8ème Bataillon Montagnard avec son chef, le commandant Roussel.

Après un arrêt à mi-chemin, au poste de Mang Yan, nous arrivons près de notre point de destination, où se trouve le commandant Le Morillon qui commande le sous-secteur avec à ses côtés, le lieutenant Bousquet, mon commandant de batterie.

En Position devant An Khê

Deux kilomètres avant d'atteindre An Khê, la colonne se scinde. Je reçois l'ordre de m'arrêter à Cho Bon et d'y placer mes canons en position de tir. Pour en assurer la sécurité restent à mes côtés, les deux scouts-cars du peloton blindé du sous-lieutenant Foussat et des éléments d'une compagnie de Montagnards du 8ème B.M.

La situation m'apparaît tout à fait paradoxale. Alors que les Viets sont signalés en force dans la région, je dois m'installer «en rase campagne» avec une protection réduite, afin de protéger un poste important implanté derrière ses réseaux de barbelés et dont les effectifs sont doublés par l'arrivée d'unités de renfort.

Immédiatement, je fais creuser par mes canonniers des ébauches de tranchées et des alvéoles pour les pièces. La nuit du 14 au 15 janvier se passe sans incident. Dans la journée du 15, nous continuons nos travaux. Je fais préparer les munitions pour déclencher au besoin des tirs à proximité immédiate. Nous restons sur place. J'ai pris connaissance plus tard des messages envoyés au commandant Le Morillon par le colonel Thomazo, commandant à Pleiku le secteur opérationnel et inquiet de notre situation aventurée. Je les cite : le 15 à 10h50, «*si vous estimez section de 75 insuffisamment couverte, l'inclure dans le réduit,*» à 13h50 «*vous donne ordre formel mettre section de 75 à l'intérieur du réduit d'An Khê,*» à 19h10 «*est-ce que l'artillerie de 75 est dans le réduit comme prévu ?*» Je ne connais pas la réponse du commandant Le Morillon, conseillé par son artilleur, le lieutenant Bousquet, mais ces ordres n'ont pas été exécutés et la section restera sur place pour protéger An Khê.

Le 16 janvier, le commandant Le Morillon a décidé l'envoi d'une reconnaissance en direction de Cuu An, sous les ordres du commandant Roussel. Le lieutenant Bousquet est à ses côtés pour assurer la liaison et l'observation (DLO).

Dans la matinée, je fais mouvement ; j'installe mes canons à environ trois kilomètres au nord d'An Khê, près du carrefour de la RP 19 et de la piste de Cuu An afin d'appuyer au plus loin cette reconnaissance.

Partant vers 14 heures de notre position, le détachement du commandant Roussel se heurte bientôt à des éléments ennemis. Le lieutenant Bousquet fait exécuter quelques tirs. Puis le commandant décide de se replier.

Je revois encore le lieutenant Bousquet lorsqu'il nous rejoint sur la position de tir. Il est rouge, essoufflé et ému ; il estime que l'unité qu'il accompagnait a connu des dangers certains qui auraient été aggravés si l'ordre de repli n'avait pas été donné. Il est manifestement heureux d'avoir rejoint nos lignes.

Avec mes canons, je reviens à Cho Bon.

L'embuscade du 17 janvier

Insatisfait des résultats de la reconnaissance de la veille, le commandant Le Morillon a décidé d'en faire effectuer une seconde plus importante et de la pousser impérativement jusqu'à Cuu An, poste qui avait été perdu le 14 janvier.

Comme la veille, le commandant Roussel la commande : à ses ordres, trois compagnies de son bataillon, le 8ème BM ; une patrouille blindée et un DLO d'artillerie.

Le lieutenant Bousquet, n'a pas voulu accompagner une nouvelle fois le commandant Roussel. Il préfère rester à An Khê ; il me désigne pour conduire le DLO.

Au petit matin, je quitte Cho Bon avec ma section ; comme la veille, les canons sont en position au carrefour de la RP 19 ; je les mets en direction en attendant l'arrivée de la colonne. Mais Cuu An se trouvant à neuf kilomètres, alors que la portée des pièces de 75 est de sept kilomètres, le lieutenant Bousquet a imaginé d'assurer l'accompagnement de la colonne pour les deux kilomètres manquants, par la pièce de position du poste de Deo Mang qui peut tirer jusque là. Pour être en liaison radio avec elle, je dispose d'un poste supplémentaire 694 (poste lourd et encombrant en deux fardeaux : radio et génératrice) pour le transport duquel il a fallu désigner des porteurs marocains. Mon équipe DLO est donc lourde ; au lieu d'être trois avec un poste portatif 609, nous sommes huit : avec moi, deux radios (Cigolini et Four), quatre Marocains dont mon ordonnance. Il faut ajouter le sous-lieutenant Than que j'ai préféré prendre avec moi pour permettre à l'adjudant Pocreau d'assurer plus librement le commandement de la section de tir.

Vers 9 heures du matin, nous entamons le mouvement vers Cuu An. Nous suivons une piste carrossable, dont les abords sont tantôt dégagés (rizières sèches), tantôt bordés de haute végétation. Les Montagnards marchent rapidement, colonne par un, de chaque côté de la piste ; je me tiens à côté du commandant ; un scout-car est en tête de la colonne et le second à l'arrière.

Le Morane (avion d'observation) nous survole de longs moments ; il a détecté vers Cuu An des éléments viets mais en précisant bien ; «sans intention agressive». Peu après, en raison de la météo, il annonce qu'il doit rentrer à sa base. Il ne reviendra pas et son absence sera lourde de conséquences plus tard.

De place en place, je fais tirer des coups de canon, afin de pouvoir déclencher en cas d'urgence, à partir des observations de leurs impacts, des tirs d'efficacité immédiats.

Nous atteignons ainsi sans incident et rapidement un premier carrefour à mi-chemin. Une compagnie est laissée sur place, en couverture et en recueil. Après un temps de regroupement, nous reprenons notre marche vers Cuu An avec les deux compagnies restantes. Deux kilomètres plus loin, nous découvrons à quelques centaines de mètres sur notre gauche, un hameau d'une dizaine de paillotes sur pilotis, An Binh. Il est occupé par les Viets ; nous les apercevons distinctement. Le commandant Roussel me demande de tirer. Les obus arrivent sur l'objectif ; nous observons les bo doïs qui se replient par bonds. Mais à ma grande surprise le hameau n'est pas fouillé. Le commandant a l'air pressé de parvenir à Cuu An.

Nous traversons à nouveau un terrain dégagé d'anciennes rizières. Arrivé à la limite du rayon d'action de nos 75, je

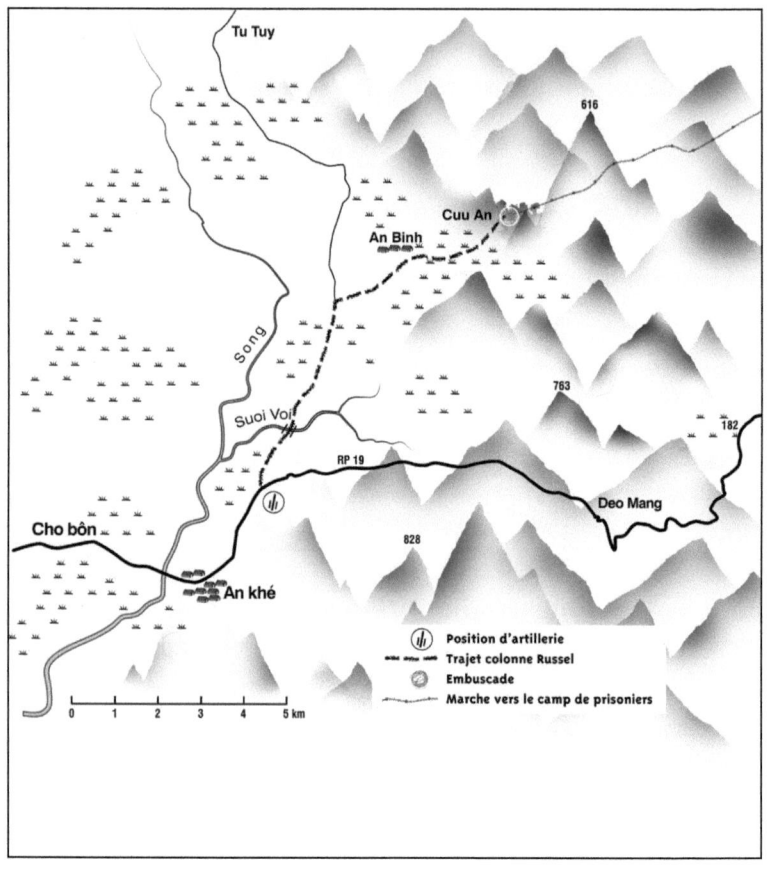

prends une dernière fois le contact (609) avec Pocreau pour lui en faire part. Le 694 est alors mis en station à terre pour la liaison préalable avec le Deo Mang. Puis l'appareil est à nouveau disposé pour être porté. Cela prend du temps ; nous sommes en queue de colonne, avec le scout-car du sous-lieutenant Foussat ; comme lui, je suis inquiet de voir la colonne s'engager si vite, en file indienne, sans assurer sa sécurité. Je me hâte pour retrouver le commandant qui n'a pas attendu.

Nous allons bientôt atteindre Cuu An, à moins d'un kilomètre. Le terrain a maintenant complètement changé : clairières avec quelques passages, entourées de bouquets d'arbres touffus qui empêchent toute vision lointaine.

Brutalement d'un seul coup, une violente fusillade se déclenche, accompagnée de tirs ininterrompus de mitrailleuses et d'explosions de mortiers. Je cours, car je n'ai pas encore rejoint le commandant, mais par toutes les ouvertures qui débouchent sur la clairière, les Montagnards en paquets, se replient en se bousculant, en pleine débandade. Impossible d'aller plus avant. Devant moi, ils abandonnent un lieutenant montagnard blessé. Je fais prendre par deux Marocains l'officier blessé et je tente de rejoindre sur la piste le scout-car de Foussat. Celui-ci, lorsque je le retrouve, observe de grosses fumées noires derrière les arbres ; il croit qu'il s'agit de l'explosion des obus de la pièce du Deo Mang ; hélas, il s'agit des mortiers viets. J'espère redescendre le chemin avec lui et avec son blindé jusqu'au carrefour où se trouve la compagnie de recueil. Le scout-car tente de faire demi-tour sur la piste étroite. Alors qu'il est perpendiculaire à la route, en reculant, l'arrière du véhicule culbute dans le fossé, les roues avant en l'air. C'est fini. Je quitte Foussat ; je ne le reverrai plus. Maintenant les Viets sont tout proches.

Nous rentrons à l'intérieur des fourrés. Mon ordonnance m'a donné ma carabine. Les Marocains ont abandonné leurs fardeaux. Le terrain nous conduit sur un large espace en herbe entre deux hautes et épaisses rangées de bambous. Nous courons en file indienne ; sur notre gauche, nous sommes littéralement fusillés par des ennemis que nous ne voyons pas. Ils tirent trop haut ; j'entends le bruit ininterrompu des balles dans les branchages et les feuilles. Sghir devant moi m'arrête ; il me montre qu'il est blessé dans le dos ; il a reçu des éclats d'une grenade à fusil ; je le réconforte : «*ce n'est rien, on va s'en sortir.*» Mon ordonnance a disparu. Thanh est à mes côtés. Je suis très calme. Nous débouchons dans une zone dénudée mais, à notre droite cette fois, j'aperçois les Viets près de la piste. Ils courent pour nous barrer le chemin ; à leur tête un officier lève son sabre (ou son coupe-coupe) pour les entraîner - Une image d'Epinal -. Une mitrailleuse tire devant nous en enfilade ; une nappe de balles ; impossible de la traverser ; mais à gauche une levée de terre borde un grand marigot (qui a dû arrêter l'ennemi qui tirait de l'autre côté). Elle nous protège dans notre progression : Cigolini, le radio, y précipite dans l'eau son poste qu'il tente de détruire ; il est blessé quelques instants plus tard. Nous parvenons à une ouverture d'une dizaine de mètres de largeur remplie d'eau entre deux rangées de hauts bambous, probablement le déversoir du marigot. Je barbote dans la pénombre dans cette eau stagnante qui me monte jusqu'à mi-cuisse. Sortis de je ne sais d'où, des Montagnards surgissent complètement apeurés[20] ; l'un d'eux me ceinture complètement et j'ai bien du mal à m'en débarrasser. Je progresse lentement ; je distingue bientôt à une cinquantaine de mètres, toujours à droite, une trouée dans les bambous. Largement devant moi, Four et les Marocains ; tout d'un coup, venant de cet endroit, je discerne des bruits, une bousculade, l'explosion d'une grenade. Les Viets ? Je reconnais la voix de Four qui crie «*Camarade*». Je m'arrête, j'ai l'impression d'être seul. Puis, plus haut, sur la berge, des soldats viets avancent lentement en file, courbés, le fusil sur le côté ; ils scrutent à travers les bambous. Je les vois et ils ne me voient

---

20 En fait, ils devaient être immergés dans l'eau, respirant avec un tube de bambou.

pas. Tout va très vite. Je veux armer ma carabine ; peut-être inconsciemment, une balle pour le premier Viet, une autre pour moi. Stupeur, je ne peux pas ; la culasse est arrêtée par la lèvre déformée du chargeur. Le Viet est sur moi, je laisse tomber ma carabine et sous la menace de son arme je progresse jusqu'à la trouée. Je monte le rebord de la berge. J'y suis immédiatement ceinturé et en un tour de main ligoté. Les Viets ont tout prévu : j'ai les poignets attachés dans le dos et une cordelette me relie à un de mes canonniers.

Prisonnier des Viets

C'est seulement à cet instant que je réalise l'immensité de mon malheur. En un éclair, l'incroyable est arrivé. Alors que, quelques instants avant, j'étais persuadé de m'en sortir, je prends conscience de la catastrophe qui me frappe subitement car je n'ai jamais pensé être prisonnier. La terre s'ouvrirait sous mes pieds ou le ciel me tomberait sur la tête, cela ne m'aurait pas fait une plus grande surprise. Ce que je ressens, ce n'est pas l'abattement ou l'anéantissement, c'est l'incrédulité. Ce n'est pas possible. Comment aurais-je pu imaginer une telle humiliation ?

Les Viets nous entraînent vers leur position en courant. Nous traversons la piste. Quelques centaines de mètres plus loin, trois avions de chasse, des Bearcat, apparaissent dans le ciel ; ils n'ont pas mis longtemps pour intervenir. «Ils straffent» sur tout l'emplacement de l'embuscade. Pourtant, ils nous voient certainement. Nous sommes couchés sur le ventre ; à nos côtés, nos gardiens nous regardent : allongés sur le côté, le doigt sur la détente du fusil.

De temps en temps, des fragments de terre retombent à mes côtés. Je suis bien trop traumatisé par ce qui vient de m'arriver pour m'en émouvoir ; je ne vois rien, je n'entends rien. Les chasseurs, bien que soumis à de violents tirs de DCA, vont rester de longs moments, plus d'une demi-heure. Les voilà partis. Nous reprenons notre course. Finalement, nous sommes parqués, une quinzaine d'Européens et de Marocains sous le couvert d'une large haie. Je fais le compte de mon DLO. Mon ordonnance Mohamed a disparu ; il a été tué derrière moi au début de l'action et je ne l'ai pas vu tomber. Cigolini et Sghir sont blessés. Four a reçu quelques éclats superficiels de grenade. Je suis indemne ainsi que deux Marocains. Than est absent, il me contera plus tard sa mésaventure : il progressait derrière moi dans les derniers moments ; il a vu les Viets approcher sur la berge et ma tentative pour armer ma carabine ; il s'est alors immergé dans l'eau, respirant avec la tige d'un bambou, immobile et attendant la nuit. Malheureusement, les bo doïs sont revenus pour fouiller la rivière à la recherche des armes, ils l'ont découvert et fait sortir de l'eau avec force bourrades et imprécations.

Nous restons tout l'après-midi dans une espèce de prébois, grandes touffes d'arbres hauts coupées de petites clairières. Un avion de reconnaissance, un Siebel, survole notre position. Devant nous, nous assistons aux évolutions d'une équipe servant une mitrailleuse de 12,7 en DCA : Les bo doïs, en uniforme gris-bleu, sont camouflés par des branchages piqués dans des cercles concentriques fixés sur la poitrine et dans le dos ; ils manoeuvrent comme à l'exercice, tirent sur l'avion, lorsqu'il les a dépassés ; puis changent de position pour se mettre en batterie plus loin ; tirent à nouveau, à l'arrière de l'avion qui est revenu. A un moment, une immense clameur s'élève de toute la région. L'avion a été touché (il n'a pas été abattu).

Tard dans la soirée, nous sommes regroupés avec les autres «Européens» pris dans l'embuscade. Nous sommes fouillés. Je retrouve le commandant Roussel ; il a enlevé ses galons ; attaché par le bras, je marche derrière lui. Nous avons le temps d'échanger quelques impressions. Il paraît serein. J'apprends ainsi qu'il a déjà été fait prisonnier en 1940 et supporté une longue captivité de cinq années. Je me souviens avec précision qu'il m'a dit *«Je connais bien les Viets. Je sais comment leur parler.»*

Finalement, nous parvenons à une nouvelle clairière. Assis en demi-cercle, encordés par groupe de deux. Devant nous un espèce de refuge couvert d'un toit de chaume.

Le PC viet ? Nous allons subir notre premier interrogatoire.

Le commandant est le premier appelé. Il revient. C'est mon tour.

A l'intérieur et au milieu, brûle un feu de bois. Devant moi, assises, trois «Autorités». Au centre, un homme en qué quan noir, barbichette, cheveux gris, âgé. Il parle en vietnamien aux deux autres qui lui témoignent des égards. C'est manifestement le chef, peut-être le commissaire politique du Lien Khu V.

Les deux officiers[21] à ses côtés sont en tenue de combat gris-bleu ; ils parlent parfaitement le français.

L'un s'approche de moi, soulève mes pattes d'épaule, retire mes galons et les jette délicatement dans le feu. La scène se déroule dans le silence. J'en comprends instantanément le sens.

Je suis prisonnier ; je ne suis plus un officier, simplement un captif dégradé. L'homme en noir fait poser quelques questions d'ordre général concernant ma fonction, ma mission, mon unité. L'entretien est bref, je réponds le plus laconiquement possible. Plus qu'un interrogatoire détaillé que pourrait faire un officier de renseignements, il s'agit davantage d'une présentation rapide à un responsable. Il veut savoir à quoi nous ressemblons.

---
21 *Les officiers viets ne portent aucun galon.*

Je rejoins à l'extérieur mon groupe où tour à tour les prisonniers sont appelés pour l'interrogatoire. Nous allons repartir ; le commandant est à côté de moi. Il s'apprête à se lever, mais il reçoit l'ordre de rester sur place. Je ne le reverrai plus. La dernière image que je conserve de lui : assis, dans la pénombre, il enlève ses souliers. Atmosphère sinistre.

Quant à nous, nous allons passer la nuit un peu plus loin. Sur le rebord d'un chemin, nous nous étendons, allongés et liés les uns à côté des autres, gardés par de nombreuses sentinelles.

J'ai l'impression qu'à l'intérieur de moi, tout est en ébullition : mon sang, mon cerveau, mon cœur. Mon être entier se rebelle face à l'outrage et à l'humiliation.

17 janvier 1953, journée dramatique.

Le matin libre, responsable, armé.

Le soir, captif, dégradé, ligoté.

Je pénètre subitement dans l'empire des Ténèbres[22], dans son immensité inquiétante et incertaine.

Les raisons du désastre

Le détachement Roussel comptait environ deux cent cinquante hommes. A la suite de l'embuscade, cent cinquante furent faits prisonniers, cinquante environ rejoignirent nos lignes (vingt dans la soirée du 17, vingt le lendemain, le reste les jours suivants), cinquante furent tués. Le détachement fut pratiquement anéanti en moins d'une heure.

Un tel désastre implique forcément une suite cumulée de lourdes fautes de commandement. Comment l'expliquer ?

D'abord, sur le plan de la conception de la manœuvre.

Le commandant Le Morillon est un officier brutal et

---
22 D'où le titre du livre.

autoritaire. Mécontent du résultat de la reconnaissance de la veille, il a donné l'ordre au commandant Roussel, avec des moyens d'infanterie supplémentaires, d'aller à Cuu An, afin de savoir si les régiments viets y sont toujours.

Mais le commandant sait depuis la prise des postes le 14 janvier que l'ennemi a engagé dans la région toutes les forces régulières du LKV, en particulier les deux régiments de Chuluks, le TD 108 et le TD 803. Ce sont des régiments particulièrement aguerris.

Les jours suivants pour les arrêter, il faudra renforcer d'urgence les troupes à An Khê avec trois bataillons de parachutistes et un groupe d'artillerie.

L'année suivante, le 24 juin 1954, placés en embuscade sur la route (RP 19) à une quinzaine de kilomètres à l'ouest d'An Khê, ils vont exterminer la plus grande partie du Groupe Mobile 100, anéantissant son état-major, tuant ou faisant prisonniers mille deux cents hommes, prenant douze canons et incendiant deux cents véhicules[23].

Le commandant doit savoir aussi que la prise d'un poste n'est souvent pour le Vietminh qu'un objectif initial, l'objectif ultime étant la destruction par une embuscade bien placée des unités de secours.

Pour la mission imposée, le commandant Roussel dispose de trois puis seulement de deux compagnies. Ce sont des unités légères avec un encadrement français très réduit (un

---

23 Une embuscade de trois kilomètres sur une colonne resserrée de deux cent cinquante véhicules encadrés de deux files de fantassins marchant de chaque côté de la route. On retrouve (multipliées par dix) les mêmes caractéristiques que pour l'embuscade du 17/1/1953. Surprise totale – Assaut brutal des Viets – impossibilité de manœuvre pour les unités prises dans la nasse – Absence d'appui d'artillerie et de renforts venant de l'extérieur. Finalement écrasement d'une unité de renom, le régiment de Corée.

officier et quelques sous-officiers par compagnie) et avec des Montagnards qui ont quelquefois moins de six mois de service.

En bref, une mission disproportionnée par rapport aux moyens : d'un côté, la présence certaine de formations ennemies redoutables, de l'autre une unité fragile. Quantitativement un rapport de forces probable de cinq contre un. Il faudrait donc manœuvrer avec la plus grande prudence.

Sur le terrain, que fait le commandant Roussel ?

Suivant les ordres, il veut aller à Cuu An et il veut y aller très vite. Le détachement parvient en vue de Cuu An avant midi. Il a parcouru une dizaine de kilomètres en moins de trois heures. La sécurité n'est pas assurée. Aucune fouille sérieuse de terrain n'a été faite sur les côtés de la route. Le bouchon viet d'An Binh a été laissé sur place. La compagnie laissée en recueil est beaucoup trop éloignée pour intervenir. Circonstance aggravante, le Morane d'observation qui aurait pu détecter les mouvements viets et donner d'alerte a regagné sa base depuis plus d'une heure.

Lors de l'embuscade, les deux compagnies sont totalement engagées dans une nasse. Un bataillon du TD 108 est à gauche (au nord) et au dessus de la route ; les hommes sont camouflés le long des haies d'arbustes et enterrés dans des trous individuels. Le second bataillon du 108 est de l'autre côté de la route, à plusieurs centaines de mètres à l'intérieur du sous-bois afin de couper la retraite aux fuyards.

Sur les indications des guetteurs, l'embuscade se déclenche violente et soudaine, prenant les deux frêles colonnes de tirailleurs sous un feu d'enfer. Puis les bo doïs se ruent à l'assaut. La surprise est totale, les tirailleurs se débandent. Toute manœuvre est impossible puisque toutes les unités sont entièrement dans le piège.

Dans ces circonstances où l'infanterie est impuissante,

quels sont les recours ? le peloton blindé, l'artillerie et plus tard l'aviation. Le commandement pense les avoir prévus.

Les deux scouts-cars (qui ne sont pas de vrais blindés avec tourelle) ne font pas le poids ; l'un en tête, l'autre en arrière. Le premier est immédiatement atteint par un obus de SKZ qui donne le signal du début des tirs ; le sous-officier et son équipage sont tués. Un coude de la piste empêche le second d'intervenir ; lors de son demi-tour, il bascule dans le fossé ; le sous-lieutenant Foussat sera tué et personne ne pourra rapporter l'héroïsme dont il a fait preuve. Le peloton a été anéanti sans pouvoir agir.

Quant à l'appui d'artillerie, le lieutenant Bousquet en a décidé seul les modalités ; peut-être a-t-il conscience de m'avoir donné les moyens pour remplir ma mission.

Nous sommes hors de la portée de nos pièces de 75, mais c'est prévu ; je dispose d'un poste 694 pour faire tirer le 155 du Deomang. Ce poste permet d'obtenir de bonnes liaisons d'un PC fixe ou d'un observatoire à l'arrière ; il faut un moment pour l'installer à terre sur son support avec à côté la génératrice mue par sa manivelle. Dans une situation de crise, au contact direct de l'ennemi, c'est impossible.

Au Déomang, se trouve un canon de 155, un seul. Le chef de pièce exécute à la demande les tirs enregistrés sur des objectifs désignés à l'avance ; il n'a pas les moyens de calculer de nouveaux tirs sur des coordonnées de terrain données par l'observateur d'artillerie. Ce dernier ne peut, qu'à partir d'un tir repéré, lui donner des commandements simples pour déplacer sa pièce en direction et en portée.

Par leur inadaptation complète à la situation aussi bien pour la liaison radio que pour l'exécution des tirs, les dispositions prises par le lieutenant Bousquet sont irréalistes. Pour assurer l'appui d'artillerie, il fallait, en prenant des risques, avancer les canons jusqu'au Suoi Voi, en notant que les moyens de feux étaient de toutes façons insuffisants. Quant à l'aviation, elle est arrivée relativement vite mais, malgré tout, trop tard quand tout était consommé et les trois chasseurs n'étaient pas, eux aussi, à la mesure de l'événement.

Opération mal conçue, mal préparée, mal exécutée. Une unité sacrifiée pour rien.

Chacun sait qu'à la guerre les fautes de commandement sont payées par les exécutants, par le sang des soldats ou par leur asservissement.

Le commandant Roussel, hélas, ne reviendra pas. Mais au PC d'An Khê, la vie continuera normalement. Quant à moi, à l'humiliation de la capture s'ajoutera le sentiment de n'avoir pu agir.

Sur un plan général, j'ai ressenti combien le sort de l'officier observateur d'artillerie dépendait de l'unité d'infanterie à laquelle il était rattaché. Il en est «l'otage».

Avec une unité brave et solide, capable de tenir le choc, il pouvait faire preuve de sa compétence. Il en éprouvait de la fierté.

Mais le même officier, accompagnant une unité de moindre qualité, peu encadrée, disloquée sous le choc, est entraîné dans la déroute ; il en subit les effets malheureux, voire catastrophiques.

Comment en terminant ce chapitre ne pas avoir une pensée émue et douloureuse pour mon petit ordonnance, Mohamed ou Driss.

Il m'a suivi fidèlement. Le hasard a voulu qu'il soit tué derrière moi. Mais, indirectement, ne suis-je pas responsable de sa mort puisque si j'avais respecté la tradition, ce n'est pas lui qui devait me suivre, mais un «chibani» chevronné.

C'est Mohamed qui a choisi le chargeur introduit dans

ma carabine. Le hasard a voulu qu'il soit défectueux. Mais si j'avais pu charger mon arme et tirer sur le premier Viet, j'aurais immanquablement été abattu par les suivants. Il m'a indirectement sauvé la vie.

Tant il est vrai que les actions des hommes sont très souvent déterminées par le hasard, heureux ou malheureux

III

La captivité

17 janvier 1953 — 1ᵉʳ septembre 1954

La marche vers le camp

Dans les camps du Quang Ngai

La longue marche

La libération

La marche vers le camp de prisonniers du Lien Khu V

Le Lien Khu V (ou LKV) est une grande région administrative de l'ensemble des territoires contrôlés par le Vietminh. Il s'étend sur près de quatre cents kilomètres de long, entre le nord de Nha Trang (cap Varella) et le sud de Tourane, sur une étroite bande de terre d'une cinquantaine de kilomètres de large en moyenne. Il est peuplé de deux millions d'Annamites qui vivent dans les rizières entre la mer et la Cordillère annamitique.

Sous la domination du Vietminh depuis le début de l'insurrection en 1946, il présente la particularité d'être complètement enclavé à l'intérieur des zones contrôlées par le Corps Expéditionnaire, ne communiquant avec les territoires Vietminh au nord que par des pistes de montagne.

La descente de la Cordillère annamitique

Le lendemain de l'embuscade, le 18 janvier au matin, je reçus ma première boule de riz. Je fus dépouillé de ma montre, mon porte-monnaie et autres petits objets. Surtout les souliers me furent enlevés ; désormais je marcherai «nu-pieds» ; je reste toujours les coudes ficelés derrière le dos et je le resterai encore pendant une quinzaine de jours, jusqu'à l'arrivée dans la zone côtière.

Nous rejoignons la masse de plusieurs centaines de tirailleurs montagnards qui ont été faits prisonniers dans la région depuis le début de l'offensive ; au milieu d'eux, à l'orée d'un bois, nous sommes filmés, en vue probablement d'une projection sur les écrans des «pays frères». Nous nous éloignons d'une bonne dizaine de kilomètres de la zone des combats jusqu'à une petite vallée près d'un village. Les Viets nous distribuent deux boules de riz, une pour le soir et une pour le lendemain. En guise de souhait de bonne nuit, la sentinelle m'attache les deux chevilles avec un espèce de carcan qui fait «clac» en se refermant.

Le surlendemain de l'embuscade, je subis mon second interrogatoire. Je marche sur une petite piste, suivi par la sentinelle ; je jette de temps en temps un regard inquiet vers l'arrière, à la pensée que celle-ci a peut-être reçu l'ordre de m'abattre en chemin. J'aboutis à une cabane à l'intérieur de laquelle se trouvent deux officiers viets, assis derrière une petite table en lattes d'aréquier. Ils me font asseoir ; ils me questionnent, de façon beaucoup plus directe et insistante que la première fois, sur ma mission, mon unité et son équipement. Je n'ai pas encore perdu ma fierté et je leur réponds d'emblée que mon honneur d'officier m'interdit de répondre à ce genre de questions. Alors, subitement, l'un des deux Viets, le plus costaud, m'adresse une vigoureuse paire de gifles que je pus, bien que garrotté, éviter en grande partie par un mouvement de la tête en arrière, car la petite table faisait séparation. Alors, dans un français impeccable, il se mit à vociférer sur les atrocités de l'armée colonialiste qui brûlait, tuait, violait, aux ordres d'officiers sans honneur. L'interrogatoire fut écourté et mon retour vers mes camarades s'effectua sans autre incident.

Commença alors la marche vers le camp du Quang Ngai distant de plus de deux cents kilomètres dans la plaine côtière. Elle allait durer environ un mois.

III - La captivité

Il fallut d'abord traverser la Cordillère annamitique en une longue colonne escortée par de nombreux bo doïs. Nous la descendîmes d'abord de nuit, encordés par petits groupes de quatre, au milieu de rochers éclairés par la lumière falote des espèces de lanternes des sentinelles. Le trajet se poursuivit de jour sous l'ombrage des grands arbres de la forêt tropicale. Nous avions gagné la piste qui constituait l'axe de ravitaillement des unités viets en opérations sur les Hauts Plateaux ; une piste de quelques mètres de large, à pente abrupte aboutissant parfois à un véritable mur. Sur cette piste, dans les deux sens et sur des kilomètres, montait et descendait une véritable fourmilière humaine de nha qués, se déplaçant isolément ou en petits groupes. Je fus ahuri de voir ce spectacle inattendu d'une multitude affairée mais apparemment inorganisée : ici un homme traînant une chèvre, là des équipes de coolies ployant sous le poids de leurs balancelles, des convois de petits chevaux montagnards, des agents de liaison avec leurs sacs en bandoulière ; sur le côté, des hommes assis bricolant du matériel ; de place en place, des amorces de chemin où se trouvaient des emplacement de repos et de transit bien camouflés. Je pensais avec amertume : notre aviation ne peut rien faire car la piste est invisible et à la moindre alerte tout le monde se dissimule sous les branchages des arbres géants.

Nous arrivons dans la plaine. Je garde le souvenir d'une nuit passée, recroquevillé sur la terre battue devant une paillote vide. Le temps est crachineux. Nous sommes un groupe d'une vingtaine, garrottés comme du bétail devant un champ de foire. Les sentinelles avec leurs petites lampes nous surveillent étroitement. Chaque fois qu'un prisonnier se remue pour changer de position, un gardien s'approche en maugréant.

La progression vers la côte

Dans la nuit, sur les diguettes, nous marchons plus rapidement, avec l'impression cependant d'aller dans tous les sens au gré de l'inspiration de nos gardes. Je cherche à m'orienter sur la lune et j'ai le sentiment que nous tournons en rond. Dans les premiers villages que nous traversons, les plus proches de la zone des combats, quelques habitants le long du chemin nous menacent en criant et en levant les bras, les poings serrés. A l'intérieur de la zone, nous ne ferons jamais l'objet de manifestations d'hostilité.

Depuis ma capture, une pensée m'obsède. M'évader le plus tôt possible, me rendant bien compte que lorsque nous serons éloignés de la montagne et de ses refuges l'évasion deviendra impossible, d'autant plus que parvenus dans la zone des rizières la population très dense et très vigilante qui s'y trouve n'aurait aucune difficulté à nous reconnaître et à nous arrêter. Traversant par nuit noire un village, je réussis à desserrer la cordelette de mon bras ; elle se déroula aussitôt et tomba à terre ; le Marocain qui me suivait s'arrêta surpris ; la distance entre nous augmenta, la sentinelle accourut en criant pour resserrer les liens tandis que je faisais l'ahuri qui ne comprenait rien à ce qui se passait. Ma tentative n'en était donc restée qu'au début du début.

Au terme de chaque nuit de marche, nous sommes regroupés et enfermés pour la journée dans une grande paillote. Le séjour est rendu très pénible en raison de notre entassement incroyable et aussi parce que quelques prisonniers commençaient à être atteints de diarrhée, les sentinelles refusant brutalement de les laisser sortir. Pendant le trajet, j'essaie de m'imaginer les modalités futures de ma captivité. Je me figure un camp du genre du stalag allemand,

III - La captivité

où nous serions parqués dans des conditions plus ou moins acceptables, mais où nous aurions beaucoup de temps libre, propice à la réflexion et à l'échange avec mes compagnons d'infortune. Le soir, nous recevons nos deux boules de riz cuit et un peu d'eau.

Fin janvier, nous avons atteint la zone côtière, probablement vers Bong Son. Les Viets y laissent la masse des Montagnards. Les Européens, les Marocains et les officiers Bao-Daï continuent leur marche vers le nord, soit un groupe d'une trentaine de prisonniers.

Ma séparation du groupe

Je reçois l'ordre de rester sur place, ainsi que deux autres prisonniers ; tous deux artilleurs, dont le brigadier-chef pointeur du canon de 155 qui a été capturé au poste du Deo Mang (près d'An Khê) tombé quelques jours après l'embuscade du 17 janvier. Aucune explication ne nous est donnée. Mais nous savons que lors de la prise des trois postes autour d'An Khê, les Viets se sont emparés des pièces de position qui s'y trouvaient : 2 canons de 88 et un de 155. Lors d'un arrêt j'ai vu, étonné, défiler devant moi les équipes de coolies qui portaient en trottinant les lourds fardeaux démontés du canon de 155 (ils passaient partout et allaient plus vite que nos mulets). L'hypothèse qui nous paraît la plus probable : Les Viets veulent se servir de nous pour instruire leurs futurs pelotons de pièce, ce qui serait inacceptable. Nous restons plusieurs jours dans une attente inquiète. Puis, l'ordre est donné de reprendre la marche vers le nord. Notre hypothèse n'est pas confirmée, le responsable de la zone ne l'aurait pas retenue.

Nous sommes maintenant libres de nos mouvements, les liens nous ont été enlevés. A trois plus la sentinelle, l'atmosphère a complètement changé. Nous nous déplaçons de jour au milieu de la population. La traversée des fleuves, dont les ponts en pierre ont été détruits par l'aviation, représentent des moments délicats ; à leur côté, des ponts en bambou ont été échafaudés ; ils sont réservés aux piétons ; il faut monter sur la passerelle où, à travers les planches disjointes, on aperçoit tout en bas, spectacle peu engageant, le flot boueux du fleuve. Le soir, nous couchons par terre chez l'habitant.

Pour mon anniversaire, le 8 février, je garde un souvenir précis ; dans la traversée d'une bourgade, la sentinelle nous fit entrer dans l'échoppe d'un coiffeur : sans savon, il me rasa la barbe prestement et mieux encore, en un éclair, il m'enleva les poils des oreilles. Quel bon moment : être rasé gratis chez les Viets pour mon vingt-sixième anniversaire.

A deux reprises nous prîmes le train. En effet, les Viets ont maintenu en service du matériel ferroviaire qu'ils cachent dans des tunnels et qui circule entre deux grandes vallées dont les ponts ont été détruits.

La première fois, nous embarquons dans un wagon, sans toiture ni porte, tracté par une locomotive poussive, au milieu d'une unité en armes de l'Armée populaire revenant d'opérations et indifférente à notre présence.

La seconde fois, sur un autorail local. La traction est faite par un moteur de camion installé sur le premier wagon, derrière deux plates-formes en planches montées sur des roues de wagon.

Finalement, vers la mi-février, nous rejoignons le camp de prisonniers du Quang Ngai.

Ce premier mois de captivité avait été particulièrement pénible. Pour des raisons physiques bien sûr avec ses marches quotidiennes, de jour ou de nuit, ligoté pendant deux semaines, pieds nus, dormant dans la nature ou dans l'entassement d'une paillote, apostrophé par les sentinelles, nourri avec deux boules de riz et un peu d'eau.

Pour des raisons morales surtout, passant sans transition de l'homme libre au captif, de l'officier habitué au respect au coolie misérable, avec la désespérance d'un avenir sans perspective d'amélioration.

Dans les camps du Quang Ngai

Premiers contacts avec les «anciens»

Alors que nous étions plusieurs centaines à avoir été faits prisonniers à An Khê, une trentaine seulement avait atteint le camp. Parmi eux, trois officiers, les capitaines de Marliave et Chassain et moi-même, (le commandement Roussel avait été séparé dès le second jour), l'adjudant Courtin, des sous-officiers et des hommes du rang, enfin une demi-douzaine d'officiers vietnamiens, qualifiés par les Viets d'officiers Bao-Daï ou plus simplement de «fantoches». La masse des autres, c'est-à-dire tous les soldats et gradés montagnards et vietnamiens ainsi que les blessés graves, avait été laissée sur place dans la plaine du Bin Dinh.

Nous trouvâmes dans le camp une douzaine de prisonniers capturés, soit dans la région au sud de Tourane, soit sur les Hauts-Plateaux. Parmi eux, trois lieutenants - del Perugia, Fabrello et Jean[24] -, des sous-officiers et quelques hommes de troupe dont un tunisien, le caporal Amara.

Le premier contact avec «les anciens» me laissa une impression extrêmement pénible. Je les voyais grabataires, étendus sur leurs bat-flancs, à bout de forces, indifférents ; le teint jaune, la barbe hirsute, sales, décharnés, parfois couverts de boutons purulents, ils donnaient une impression de dénuement total. J'éprouvai même, à certains moments, le sentiment d'être entré dans un monde délirant : quelques uns, toujours les mêmes et au premier rang Jean, s'invectivaient pour les motifs les plus futiles ; la discussion dégéné-

---

24 Son nom a été changé.

rait en termes violents et se terminait en menaces renouvelées de «se faire la peau», une fois rentrés en France. Peut-être lorsque les limites de la misère sont atteintes, l'homme devient-il profondément égoïste et violent ? Peut-être aussi la générosité est-elle une vertu qui a besoin pour se développer que l'individu dispose d'un minimum de bien-être ?

Les effectifs du camp allaient être très variables. Ils grossissaient, en fonction des opérations menées par les Viets ; ainsi en mai, arrivèrent une cinquantaine de légionnaires, en majorité allemands, ainsi qu'un officier, le lieutenant de Pompignan, ce qui provoqua un entassement incroyable dans la paillote ; en septembre, nous étions une centaine. Mais le camp se vidait en raison de libérations de prisonniers ; nous en connûmes deux, l'une en mai, l'autre plus importante en décembre.

Le camp

Rien à voir avec le stalag allemand, avec ses longs baraquements s'étendant sur plusieurs hectares, clôturé par de hautes et larges lignes de fils de fer entrecroisés, dominé par des miradors et surveillé en permanence par des sentinelles et des patrouilles.

Un petit camp comme le nôtre comprenait une seule et vaste paillote avec des cloisons en bambou tressé, sans porte, ni fenêtre ; seulement une large ouverture pour y entrer. Elle était construite et entretenue par les prisonniers. A l'intérieur, deux rangées de bat-flancs en aréquier séparées par un couloir ; nous vivions et dormions là, entassés les uns contre les autres, une natte en guise de matelas et une autre en guise de couverture, sans moustiquaire.

Devant, une plate-forme en terre battue ; sur le côté, la cuisine : un auvent sous lequel nous faisions cuire le riz dans de grandes marmites ; nous y prenions nos repas. Tout autour de la cour, une rangée de bambous horizontaux, appuyés de place en place sur deux fragments entrecroisés ; nous allions nous y asseoir pour participer aux séances d'autocritique ou aux séances «récréatives» ; sur le côté un petit pupitre et au fond la cahute de la sentinelle.

Nul besoin de clôture. Nous étions surveillés par la population et entourés par une nature impénétrable. Nous n'aurions pu aller bien loin, facilement repérés par la couleur de notre peau, notre barbe, notre comportement d'Européens, dans une région très peuplée avec des points de passage obligés. Et si, par miracle, nous avions atteint la montagne, nous n'aurions pu progresser très longtemps, sans coupe-coupe et sans vivres, au milieu d'une végétation épaisse et touffue. L'évasion était impossible et du reste aucun d'entre nous ne s'y risqua.

Nous ne restions que quelques mois au même endroit. A chaque libération de prisonniers, le camp fut déplacé car les Viets savaient que le commandement français serait alors renseigné sur son emplacement et pourrait envisager une opération de commando. Nous devions aussi déménager lorsque l'arrivée de nouveaux prisonniers rendait nécessaire la construction d'une paillote plus grande. Nous partions alors pour un autre camp, dans la même région, à une dizaine de kilomètres de là.

Les conditions matérielles

Elles étaient très dures. Nous vivions dans des conditions de précarité totale. Dans ce pays au climat tropical, le besoin d'eau pour se laver est absolu. Nous n'en avions presque pas ; dans le premier camp, un trou à une centaine de mètres où nous allions nous débarbouiller à la main le matin ; dans d'autres camps, il fallait se rendre assez loin jusqu'à la rivière et encore pas tous les jours. Les objets de toilette avaient bien sûr disparu, savon, linge, rasoir. Nous portions tous la barbe.

Le riz, cuit par nos camarades cuisiniers, représentait pratiquement notre seule nourriture. La distribution en était faite deux fois par jour, vers dix heures et vers dix-sept heures ; le petit déjeuner était supprimé. Suivant la saison, nous recevions quelques liserons d'eau, patates douces et bananes à cochon ; Ces suppléments, nous avait-on expliqué, étaient payés par des primes obtenues par conversion d'une petite partie de notre ration de riz ; je me souviens encore avec quel ravissement j'avais savouré ma première banane à cochon, malgré ses énormes pépins ; un vrai délice! Pas de viande, à l'exception des jours de fête ; l'égorgement d'un cochon se traduisait après partage par l'attribution de quelques morceaux de lard.

Soit debout, soit assis à l'annamite, nous mangions dans une «kai bat», bol formé par une noix de coco coupée en deux ; deux baguettes en bois remplaçant les couverts.

Comme boisson, de l'eau bouillie avec quelques feuilles de thé distribuées après le riz. Nous prenions donc très tardivement nos premières gorgées de liquide.

Comme habillement, nous avions reçu avec le chapeau conique une veste et un pantalon de cotonnade gris-bleu, le que quan annamite à jambes larges. Mais les Viets nous avaient laissé quelques effets avec lesquels nous avions été faits prisonniers : je possédais encore mon treillis, et, bien inestimable, mon pull-over kaki.

Sur les bat-flancs de la paillote, l'espace alloué à chacun était très exigu ; par manque de place, il était difficile de dormir sur le dos et il fallait se coucher alternativement sur un côté puis sur l'autre. Les nuits étaient longues, car faute de moyens d'éclairage, nous nous couchions tôt, sauf si le

III - La captivité 121

programme prévoyait une séance de «veillée récréative» ; elles étaient aussi troublées par tous ceux que le mal au ventre poussait à sortir en vitesse.

Nous fûmes bientôt envahis par la vermine. Après le réveil, une première occupation consistait à épouiller minutieusement nos habits et plus particulièrement les coutures. Chaque matin, il fallait en tuer plusieurs dizaines, entre les index des deux mains. La nuit, d'autres venaient nous démanger. Finalement les Viets décidèrent d'ébouillanter nos vêtements, ce qui nous donna un répit apprécié.

Très rapidement, nous allions souffrir de la maladie du riz ; le sang suintait du pus qui sortait en particulier par les articulations : les coudes, les doigts, les genoux et également les pieds. J'ai gardé longtemps sur le dessus du pied la marque d'une telle ulcération. De nombreux prisonniers, surtout parmi les anciens, étaient couverts de croûtes ; l'un avait été surnommé le prince de gale, un autre le roi des poux ; certains avaient les jambes gonflées par le béribéri. D'autres souffraient déjà de dysenterie, de paludisme ou d'ankylostomiase[25].

Pour nous soigner, les premiers temps seulement, les Viets avaient mis à notre disposition un infirmier. Sa qualification paraissait très discutable. Ses moyens étaient dérisoires : des tiges de coton, des pansements et quelques comprimés de nivaquine. Nous faisions la queue auprès de lui.

Les activités physiques avaient d'abord pour objet de subvenir à nos besoins collectifs, d'abord pour l'alimentation avec le transport de riz, pour la cuisine avec le transport du bois à dos d'homme et de l'eau au moyen de gros bambous, enfin le portage des bambous pour la construction de la paillote.

Elles consistaient en corvées (le terme corvée à relent colonialiste était du reste proscrit) effectuées, le plus souvent, par les volontaires. Estimant que c'était une bonne manière

---
25 Vers dans les intestins.

de se maintenir en forme et aussi une nécessité vitale pour ne pas se laisser aller à la déchéance, je me suis souvent porté volontaire, en particulier pour le transport du riz. Nous partions en groupes sur les pistes et les diguettes, à la tombée de la nuit, encadrés par les sentinelles. Alors que les villages que nous traversions étaient pratiquement sans activité dans la journée par crainte de l'aviation, ils s'animaient incroyablement dès le coucher du soleil jusqu'à l'aurore.

Je passais avec étonnement devant une quantité de petites échoppes éclairées de lampes minuscules devant lesquelles discutaient des groupes de villageois. Au dépôt, nous recevions chacun nos deux paniers de riz ; nous revenions ainsi au clair de lune, en file indienne, pieds nus, en trottinant comme le nha qué, au rythme de la balancelle équilibrée à chaque extrémité par un panier chargé de riz ; le long et sur chaque côté de toutes les pistes, nous pouvions voir les centaines de trous cylindriques et profonds, où les habitants disparaissaient en cas de surprise par l'aviation. Dans les mêmes conditions, mais dans la journée, avaient lieu les corvées pour couper du bois au loin dans la forêt.

A trois reprises nous avons changé de camp ; il fallait construire une nouvelle paillote. La plupart des prisonniers transportaient les bambous, les plus habiles effectuant le coupage, le liage, le tressage et enfin le montage, sous la direction des gardiens faisant office de spécialistes.

Périodiquement, le chef de camp décidait une campagne d'émulation. Ainsi, afin d'améliorer les conditions d'hygiène, l'une d'elle fut décrétée contre les mouches. Munis d'une petite tapette en bambou, nous nous affairions par groupe pour tuer les mouches dont nous comptions le nombre afin d'être félicités le soir lors de la proclamation des résultats.

De temps en temps, le chef demandait des volontaires pour effectuer des travaux au profit de la population. Ainsi, ai-je pu décortiquer le paddy en actionnant à la main le pilon dans des cuves ; d'autres fois, mettre la main à la pâte, c'est-à-dire plus concrètement mettre les mains dans des bouses de buffle pour «engraisser» par épandage le champ du paysan ou encore creuser des puits. D'autres prisonniers défonçaient le sol pour réaliser des réserves d'eau pour l'irrigation ou portaient des paniers de terre pour la réfection des berges des rivières ou la réparation des routes.

Telles étaient nos conditions d'existence matérielles et nos activités physiques. Certes, ce n'était pas les travaux forcés mais la vie d'un coolie captif. Comme le disait l'un de nous : «*Toi qui n'as pas su mourir, vis en esclave.*»

Nous n'avions pas de Croix Rouge pour nous visiter et les lois internationales ne nous protégeaient pas.

Pour le chef, le travail manuel est à la base de l'éducation politique et notre manière de vivre s'insérait naturellement dans le cadre de la politique de clémence. La nourriture, prétendait-il, était celle du bo doï, l'habillement également ; beaucoup de travaux étaient effectués pour nos usages et, comme prisonnier, notre espace de liberté était obligatoirement très limité. Quant à l'absence de soins, la population vietnamienne, pauvre et sans équipement sanitaire, était touchée dans les mêmes conditions.

En bref, les difficultés que nous connaissions n'étaient pas de leur fait. Nous étions des êtres amollis, produit d'une société capitaliste sans vigueur. Il nous fallait progressivement nous endurcir afin d'atteindre le niveau de courage et de sobriété de la population.

Le principe de base : la rééducation

Le camp était dirigé par un commissaire politique ; celui qui est resté le plus longtemps avec nous se nommait Huong Ba. Il arrivait chaque matin, le visage sévère, en cai quan noir, une large serviette en bandoulière. Il se faisait appeler chef ou bien commandant. Auprès de lui se tenait un adjoint ; à une époque, un grec déserteur de la Légion dénommé le lieutenant Gregovitch. Il commandait à nos gardiens, au nombre d'une dizaine.

Le matin, nous nous rassemblions en rang ; au garde-à-vous au commandement «Nghiem» suivi de «Nghi», repos.

Dès notre arrivée, Ba nous expliqua ce qu'était la politique de clémence du Président Ho Chi Minh vis-à-vis des prisonniers.

Nous nous trouvions non pas dans un camp de prisonniers, mais dans un camp de rééducation. Nous étions des criminels de guerre, responsables de la guerre d'agression au Vietnam, guerre injuste et criminelle contre une population pacifique.

«Bien que criminels de guerre, nous dit-il, *vous avez la vie sauve grâce à la politique de clémence du Président Ho Chi Minh. Vous êtes aussi des hommes trompés, abusés par l'infâme propagande des fauteurs de guerre des gouvernements colonialistes et impérialistes. Nous allons vous expliquer les raisons de notre combat. Vous devez reconnaître vos erreurs et vos crimes, renier votre passé colonialiste, vous soumettre à la vérité, apprendre afin de devenir des hommes honnêtes et travailleurs. Vous devez être disciplinés, vous rendre utiles en travaillant par les mains, mais aussi beaucoup réfléchir.»*

Alors, quand nous serons sûrs que vous avez compris ce qu'est la Juste Cause, que vous êtes déterminés à rejoindre le camp de la Paix, alors vous pourrez être libérés, afin de continuer auprès du peuple de France le combat pour arrêter la guerre.

Ainsi, dès le début de ma captivité, la nouvelle Vérité se faisait jour.

Je croyais être un prisonnier de guerre ; j'étais avant tout un prisonnier politique, soumis à un endoctrinement politique. J'avais perdu ma liberté de mouvement, mais j'avais aussi perdu ma liberté de pensée. J'étais doublement captif. La guerre qui nous était faite était, davantage qu'une guerre d'indépendance, une guerre idéologique. Le camp de la Paix contre le camp de la Guerre. Celui qui nous l'annonçait n'était pas vraiment un chef de camp, c'était d'abord un commissaire politique, chargé de façonner par la contrainte «un homme nouveau», en faisant « table rase» de son passé et de ses convictions.

La première phase – l'humiliation

Je découvrais la guerre idéologique avec son fondement communiste : la lutte des peuples colonisés contre l'impérialisme mais aussi la lutte des classes de l'opprimé contre l'oppresseur capitaliste et bourgeois.

Dans cette vision, l'officier ne représente t-il pas, dans notre espace où sont mélangés des hommes de toutes origines et de tous grades, la classe dominante, la classe exploiteuse ? A un échelon inférieur se trouvent les sous-officiers. Pour les transformer, il faut d'abord les abaisser et les humilier.

Toute notion de hiérarchie fut immédiatement abolie ; les galons avaient disparu dès la capture, et pour moi d'une façon instantanée et symbolique, comme je l'ai évoqué précédemment. Il était interdit de faire état de son grade. Dans ce camp où sept officiers étaient mélangés à une centaine de prisonniers de toutes races, la suppression de tous liens de subordination ajoutait à la volonté des Viets d'interdire toute cohésion interne. Ceci ne les empêchait pas évidemment sous cet anonymat de façade de nous poursuivre de leur méfiance tenace et de multiplier les offenses.

Quelques exemples :

Un de mes Marocains m'avait rapporté que lui et ses camarades avaient été longuement interrogés par le chef qui voulait savoir quel avait été mon comportement antérieur d'officier vis-à-vis d'eux.

Pour les travaux quotidiens, nous étions répartis par le chef en petites équipes. La mienne était commandée par un tirailleur tunisien, Amara, suffisant et bavard, qui allait rendre compte régulièrement de nos activités. Dans ce cas particulier, les liens hiérarchiques étaient non pas seulement supprimés mais inversés.

Le chef avait décidé que lorsque nous sortions du camp pour aller aux «feuillées», nous devions nous mettre au garde-à-vous devant la sentinelle. Je me souviendrai toujours de l'humiliation que j'ai ressentie la première fois que, devant le bo doï, je dus m'exécuter.

Les cours politiques

Rééduquer le prisonnier, c'est lui faire connaître la Vérité, lui ouvrir les yeux, le convaincre des raisons de mener le bon combat pour la Juste Cause, le rallier à l'immense mouvement des combattants pour la Paix. Pour cela, il lui faut s'instruire, suivre et participer aux cours politiques.

J'en ai connu deux séries, au printemps et à l'automne 1953, d'une durée de deux à trois semaines, avant les libérations. Les cours étaient divisés en chapitres qui étaient commentés par le chef Ba.

La présentation portait d'abord sur les deux grands blocs qui s'affrontaient dans le monde. Le camp impérialiste, le camp de la guerre, dirigé par les Etats-Unis avec à ses côtés les valets colonialistes français. En face, le camp de la paix, le camp démocratique, avec au premier plan, l'URSS et la Chine.

Le camp des impérialistes et des colonialistes était rongé

par ses tares, les injustices sociales, la richesse scandaleuse d'une minorité d'exploiteurs (le milliardaire au gros cigare) face à la misère grandissante des masses laborieuses. Il était aussi affaibli par ses défaites dans les guerres d'agression menées contre les peuples colonisés.

De l'autre côté, l'URSS connaissait des triomphes éclatants dans l'économie, les sciences, et l'augmentation du niveau de vie des habitants ; les réussites des stakhanovistes étaient glorifiées. De son côté, la Chine s'était débarrassée des féodaux.

Le sens de l'histoire allait vers la victoire inéluctable du camp de la Paix, en raison de l'excellence de son système démocratique et de l'importance de ses triomphes.

L'étude portait ensuite sur la situation particulière au Vietnam, sur la Juste Cause et sur la lutte du peuple français pour mettre fin à «la sale guerre».

Pour en terminer par l'exposé des différentes phases de la guerre révolutionnaire menée par le Vietminh, de la guérilla du début, aux grandes opérations actuelles jusqu'à la victoire finale lors de la contre-offensive générale.

Tous ces cours étaient primaires et caricaturaux. Le chef essayait de nous faire participer ; mais à part quelques uns, la discussion n'existait guère ; tout au plus certains camarades demandaient-ils des explications complémentaires, ou faisaient-ils état de leurs propres constatations, par exemple lorsqu'il s'agissait de la misère affreuse des ouvriers français. Mais l'opposition directe n'a jamais eu lieu.

Le chef nous demandait ensuite, pour continuer l'étude, de nous réunir dans les équipes ou mieux dans les «nids». Ce dernier terme désignait le groupe de trois, application de la formule soviétique de la troïka : à deux, on peut s'entendre, tandis qu'à trois, il faut discuter, composer et le contrôle est mieux assuré. Nous nous réunissions donc un moment pour la forme, et rapidement nous parlions d'autre chose.

A quoi, finalement les cours politiques se résumaient-ils ? D'un côté, la lecture d'un catéchisme rouge, la vérité assénée sans nuance par un militant d'un sectarisme et d'un dogmatisme absolus : le camp du bien contre le camp du mal, les honnêtes gens contre les corrompus, les pacifiques contre les fauteurs de guerre.

De l'autre côté, les captifs écoutaient la bonne parole, en feignant de la recevoir avec, dans leurs rangs, quelques «vrais-faux» convertis.

Un environnement totalement politisé

Nous vivions «en vase clos» même si nous sortions régulièrement à l'occasion des corvées de riz et de bois ou exceptionnellement pour assister à des réunions de villageois au voisinage.

En dehors des séances particulières d'autocritique ou des cours politiques, le commissaire nous réunissait fréquemment pour nous donner «la bonne parole».

Il développait davantage les informations qu'il nous avait présentées lors des réunions politiques : succès répétés de l'armée populaire lors des dernières opérations et en contrepartie défaites de nos troupes – manœuvres tortueuses des colonialistes français – menées machiavéliques des impérialistes américains – traîtrise des fantoches vietnamiens – aggravation du mauvais climat social en France.

Au cours de l'été, le chef Ba nous demanda d'écrire des articles sur un journal mural. J'en ai donc écrit un ; je crois me souvenir que mon sujet, traité en termes très généraux, portait sur la jeunesse française. Mais l'épisode du journal mural ne dura que quelques semaines.

Le chef nous donnait des exemples à suivre : les héros qui se dressaient en France pour arrêter la guerre. Parmi eux, au

III - La captivité 129

premier plan, Henri Martin. Ancien militant communiste, engagé comme marin sur le porte-avions Arromanches, il avait tenté de saboter le moteur du navire ; arrêté, jugé, il avait été condamné, ce qui avait provoqué de nombreuses manifestations en France, avec le slogan «*Libérez Henri Martin*». A ce sujet, une anecdote. Le chef, après avoir magnifié l'action d'Henri Martin, s'adressa à moi à brûle-pourpoint pour me demander ce que j'en pensais. Je lui répondis qu'effectivement il avait été très courageux et méritait notre admiration ; puis, mécontent d'exprimer en public le contraire de ce que je pensais, j'ajoutai «*Mais, pour ma part, je ne pense pas être capable d'un tel courage.*» De son ton nasillard, en détachant bien les syllabes, le chef me répondit, d'un ton désabusé «*Je vois bien, Jé-nou-det, vous n'êtes pas un révolutionnaire.*»

De temps en temps, il nous donnait à lire de vieux journaux communistes ; le plus souvent, il s'agissait d'un périodique imprimé, je crois, en Roumanie, et traduit en français *Pour une paix juste et une démocratie véritable*, ce qui était évidemment un très bel objectif ; quelques livres furent également mis en circulation, dont l'un, *Le bouleau argenté*, aurait obtenu le prix Staline. Il nous communiqua aussi à de nombreuses reprises *l'Humanité* ; le journal nous parvenait avec de nombreux mois de retard. Nous nous intéressions avant tout aux faits divers et aux sports ; j'appris ainsi, début 1954, que le vainqueur du tour de France en 1953 s'appelait Louison Bobet.

Nous avions l'occasion de manifester notre ardeur militante à l'occasion des grandes journées fêtées par le Viet Minh. (1er mai fête du Travail, 19 mai anniversaire du Président, 14 juillet fête de la Révolution, 2 septembre fête de l'Indépendance,). Alors, à la fin de notre repas amélioré (ration de riz augmentée, petits morceaux de lard de cochon, une banane pour deux), nous nous regroupions pour entamer l'Internationale, en tendant fièrement le poing et en tonitruant : Ho Chi Minh, muon nam (dix mille ans) et parfois Ho Chu Tich, muon nam.

La mort de Staline avait été apprise par les Viets avec consternation. La tristesse se lisait sur tous les visages. Le «petit père des peuples» avait disparu et ils étaient devenus orphelins. Le chef Ba, effondré, portait un brassard noir.

En traversant les villages, le soir, nous avions l'occasion de voir la population regroupée, écoutant les orateurs et clamant avec ferveur des slogans ininterrompus.

Nous fûmes conviés aussi à assister à quelques meetings villageois, avec des scénettes jouées par les bo doïs, des chants, des danses et des proclamations. Pour l'éclairage, un nha qué pédalait sur la génératrice, tandis qu'un autre manipulait un phare qui balayait des banderoles écrites en vietnamien ; celles-ci étaient reprises en chœur par les assistants. Pour ma part, assis par terre, fatigué et somnolent, j'attendais impatiemment le retour au camp.

Nous assistâmes également à la projection sur un écran, la nuit, en plein air, d'un film de propagande, aux images floues, présentant les activités d'Ho Chi Minh dans la montagne tonkinoise puis vantant les succès du socialisme.

Dans toutes les paillotes, étaient accrochés les tableaux en couleur de la troïka : au centre Ho Chi Minh, de chaque côté, Mao Tse Tung et Staline, bientôt remplacé par Malenkov.

L'autocritique
La dénonciation des crimes de guerre

Pour aboutir à l'homme nouveau, il faut d'abord analyser ce qui est mauvais en lui, mais également chez ses camarades et dans son armée ; la critique permet de progresser. Le prisonnier doit confesser publiquement ses fautes et dénoncer celles des autres ; faire acte de contrition et acte de délation pour la Juste Cause. Il doit faire son autocritique. Le soir, devant la paillote, à la lueur blafarde de quelques petites lanternes, nous nous asseyions sur nos bambous autour du chef pour écouter les explications de camarades s'accusant de quelques pacotilles : cela n'allait jamais très loin, de la corvée de bois avec un fagot trop léger au vol d'un œuf dans un poulailler en passant par le ramassage de fruits et de légumes.

En revanche, il n'en allait pas de même pour les séances consacrées à dénoncer les atrocités du Corps Expéditionnaire. Nous étions par définition des criminels de guerre puisque nous faisions partie d'une armée qui menait une guerre d'agression contre un peuple pacifique ; le chef cherchait quelques exemples. Mais nous devions aussi avoir été les témoins d'actes criminels commis par nos unités. Le chef nous demandait de les dénoncer. Si l'immense majorité restait silencieuse, quelques-uns, toujours les mêmes, rivalisaient de zèle pour rapporter les exactions dont ils disaient avoir été témoins ou qui leur avaient été rapportées : incendies de village, brutalités contre les populations, vols et pillages. Quant au chef de camp, il relançait sans cesse la discussion d'un air qui voulait dire «c'est pire que ce que je croyais», en cherchant à ce que les témoignages n'apparaissent pas comme des dépositions de caractère individuel et isolé mais, au contraire, comme la manifestation habituelle et collective d'une armée criminelle.

La vindicte viet se portait tout spécialement sur les activités de notre aviation. Celle-ci survolait fréquemment la région, s'attaquant systématiquement aux voies de communication et empêchant tout déplacement en groupe. Le chef Ba dénonçait vigoureusement ces agissements criminels, ce qui lui permit à l'occasion de masquer les propres crimes de guerre de son armée.

Le cynisme absolu : la disparition du commandant Roussel et de l'adjudant Courtin

Le commandant Roussel, qui commandait le 8ème Bataillon Montagnard, après son interrogatoire le 17 janvier au soir, avait été séparé de nous. Nous ne devions plus le revoir. Un officier vietnamien (Bao Daï) resté sur place m'a déclaré l'avoir aperçu quelques jours plus tard, un bandeau autour de la tête, probablement à la suite de coups de crosse.

Lors d'une réunion collective au camp, le chef nous annonça la mort du commandant ; il la présenta ainsi : Au cours d'un déplacement, et alors que l'aviation française avait été signalée, le commandant Roussel n'avait pas appliqué les mesures de sécurité ; il ne s'était pas camouflé et il avait été tué par nos propres avions.

S'en suivit une séance d'autocritique. Les prisonniers furent invités à exprimer leur indignation sur les méfaits de l'aviation colonialiste et le caractère odieux de leurs attaques, non seulement pour le cas évoqué, mais aussi sur les populations.

L'adjudant Courtin avait été fait prisonnier le 14 janvier 1953, au poste de Tu Thuy, à une quinzaine de kilomètres au nord d'An Khê. Adjoint du capitaine de Marliave, il avait été l'âme de la résistance ; le poste n'avait été enlevé qu'après trois heures de durs combats : Il avait été blessé au

III - La captivité

bras gauche, mais la balle avait seulement traversé la chair. Il avait gardé bon moral. Je l'avais rencontré lorsque les Viets regroupèrent tous les prisonniers de la région, avant d'entamer la marche sur le Quang Ngai. Je sympathisai aussitôt avec lui. Le regard direct, l'attitude fière, il respirait l'énergie. Lors de nos conversations devant la paillote, il évoquait ses projets d'avenir ; il avait prolongé son séjour pour rentrer à la bonne saison pour y retrouver sa compagne et sa petite fille, acheter une maison dans sa région du Pas-de-Calais, gérer son portefeuille d'assurance après avoir quitté l'Armée. Mais Courtin était aussi soucieux et il m'avait fait ses confidences.

Peu de temps avant l'attaque de Tu Thuy, des partisans viets avaient été surpris posant des mines sur la piste d'accès. Ils avaient été emmenés au poste pour être interrogés. Lors de la prise de Tu Thuy, ils avaient été libérés, faisant état de sévices commis contre eux. L'adjudant Courtin, après sa capture, avait dû s'expliquer à ce sujet lors d'un interrogatoire particulier.

Le commissaire politique lui avait dit «*Vous allez rédiger une relation des faits qui sera reprise dans notre «livre blanc». En échange, je vous promets la clémence du Président Ho Chi Minh.*» En mettant la main sur son portrait qu'il avait à côté de lui, l'engagement du commissaire politique prenait un caractère solennel.

Un après-midi, à la fin du mois d'avril, je bavardais dans la cour avec Courtin. Une sentinelle viet se présenta et lui donna l'ordre de se préparer à le suivre. Coiffé de son chapeau conique, en qué quan, un boudin de riz en bandoulière, l'adjudant Courtin nous fit un dernier «au revoir» au détour de la paillote ; à quelques mètres de lui, je revois son visage éclairé par son sourire, sa barbe rousse, son bras levé. Adieu, Jean Courtin.

Environ un mois après, le chef de camp nous apprit sa

mort : alors qu'il marchait le long de la grande route, il avait été surpris par l'arrivée subite des avions et il avait été tué lors de leur attaque. L'action terroriste des aviateurs colonialistes fut à nouveau dénoncée.

Le soir au cours de la séance publique, son capitaine n'ayant par voulu s'exprimer, je pris la parole pour saluer la mémoire de notre malheureux camarade. Je repris les faits, tels que nous les avait présentés le commissaire politique ; c'est-à-dire la mort sur la RC1 provoquée par l'aviation ; je rappelai ses qualités et la sympathie que nous avions pour lui et je terminai en évoquant la douleur future de sa famille.

Après ces quelques phrases, le commissaire, qui n'avait encore rien dit, me reprit sur un point : «*Vous avez parlé de la RC1, la route coloniale n°1. Mais dans le Vietnam libre, il n'y a plus de routes coloniales. Nous avons maintenant des routes nationales.*» «*Sachez le.*»

Evidemment, les Viets ayant donné les mêmes raisons pour justifier les disparitions, aucun prisonnier ne crut à leurs explications. Si le doute pouvait être permis la première fois, il ne subsistait plus la seconde fois. Le commandant Roussel et l'adjudant Courtin avait été fusillés à la suite d'une décision délibérée des autorités du Lien Khu V.

On peut s'interroger sur les raisons de ces exécutions, en particulier pour le commandant Roussel dont le bataillon, le 8ème BM, n'était pas implanté dans la région d'An Khé. Je suppose que le commandant s'est opposé d'emblée au commissaire politique, rendant celui-ci d'autant plus furieux qu'il avait affaire à un officier supérieur, représentant parfait de l'agresseur colonialiste et de l'exploiteur, donc irrécupérable et «à liquider».

Le commandant Roussel et l'adjudant Courtin sont morts seuls, mais sûrement courageusement. Personne n'a été à leurs côtés pour recueillir leurs ultimes paroles. Leurs familles sont restées dans l'ignorance absolue de leurs derniers moments.

Quelles que soient les raisons de ces exécutions, les chefs viets dans les deux cas ont fait preuve d'un cynisme absolu.

Ils n'ont pas voulu les révéler aux prisonniers, estimant qu'elles ne correspondaient pas à leurs déclarations répétées sur la politique de clémence. Ils ont jugé plus facile et plus efficace de se décharger de leurs crimes sur l'aviation française. Comme dans tout bon procès communiste, on a vu les victimes, prisonniers de guerre, être sommées par leurs geôliers d'accuser leurs frères d'armes des forfaits qu'eux-mêmes avaient commis.

Le combattant de la Paix — Les manifestes

Maintenant le chef nous demandait de nous engager davantage dans le camp de la Paix.

Nos yeux s'étaient ouverts à la Vérité, nous reconnaissions que nous avions été trompés, nous constations les effets de la politique de clémence, il nous fallait alors dénoncer nous-mêmes les agissements criminels du Corps Expéditionnaire. Il nous fallait signer des manifestes.

Au Tonkin, j'avais eu l'occasion de lire des tracts de cette nature. Je n'avais attaché aucune importance au texte lui-même ; j'avais porté uniquement mon attention sur les signatures, éprouvant de la tristesse lorsque, à la lecture des noms, je découvrais ceux de camarades bien connus.

Les manifestes étaient signés pratiquement par les seuls officiers ; lors de l'impression des tracts, les noms étaient accompagnés des grades. Nous nous réunissions donc entre officiers ; il s'agissait avant tout de ne rien oublier dans l'exposé des arguments : la présentation de la Juste Cause du pacifique peuple vietnamien, les raisons des succès du camp de la Paix et surtout l'exigence du retrait du Corps Expéditionnaire.

D'autres motions, à caractère interne, étaient adressées au Président Ho, à l'occasion notamment de sa fête. Nous lui exprimions notre vive reconnaissance pour la politique de clémence menée en notre faveur et pour les bons traitements réservés, sur ses directives, aux prisonniers.

Les Viets paraissaient attacher beaucoup d'importance à ces textes dans le cadre de leur intense propagande ; en revanche, nous estimions qu'ils ne nous engageaient pas. Prisonniers, nous écrivions sous la contrainte ; nous étions bien persuadés que nos camarades au combat auraient les mêmes réactions que j'avais eu moi-même au Tonkin en lisant de tels documents : rédigés sous la pression morale, ils n'avaient aucune valeur.

Le courrier

Nous ne reçûmes jamais de courrier. Mais nous fûmes autorisés, une fois par trimestre, soit à quatre reprises pour ma part, à écrire des lettres à nos familles. Elle devaient leur parvenir «par la voie démocratique» par la Chine, la Russie, la Tchécoslovaquie. On nous distribua du papier et de quoi écrire. Tout le monde écrivait et il n'était pas question de se faire remarquer en refusant de correspondre. Pour ma part, j'éprouvais de la méfiance. D'abord, je pensais que ces courriers n'arriveraient pas à destination et qu'ils permettraient simplement aux Viets d'apprécier notre détermination à nous engager dans la lutte contre «la sale guerre». D'autre part, je supposais que s'ils parvenaient en France, ils seraient distribués par l'intermédiaire du parti communiste et que, en retour, les Viets seraient renseignés sur les supposées sympathies politiques de la famille ; or, lors des interrogatoires, j'avais déclaré au commissaire que mon père était percepteur ; j'avoue après réflexion, que ce n'était pas très habile : le percepteur chargé de collecter les impôts n'est-il pas aussi un valet des capitalistes et un oppresseur du peuple ?

Quoi qu'il en soit, mes parents ont bien reçu deux lettres. En raison de la très mauvaise qualité du papier, jaunâtre, froissée et mal conservée, je ne peux les reproduire et je les retranscris :

La première lettre est datée du 24 mars 1953 avec l'entête : Jenoudet − prisonnier de guerre − 5ème interzone − Vietnam- Le chef de camp y a ajouté : n'oubliez pas de mettre le grade − ce qui a été fait. L'expéditeur a ajouté − lieutenant −

La voici «*J'ai été fait prisonnier le 17 janvier au cours d'une embuscade et depuis je mène une nouvelle existence : celle de prisonnier de guerre. Depuis un mois nous avons rejoint le camp des prisonniers où nous sommes bien traités et relativement libres. Rassurez-vous aussi pour ma santé ; elle est excellente et l'acclimation au pays comme à notre nouvelle nourriture s'est très bien faite. Nous passons une grande partie de nos journées en causeries et lectures, où nous confrontons nos opinions et jugeons avec réalisme de la situation ainsi que de l'inutilité de la guerre ici.*

Avez-vous eu des nouvelles de ma disparition par ma batterie ? Peut-être pouvez-vous faire rentrer ma cantine à la maison ...

Ne vous attristez pas, c'est une nouvelle vie que je mène avec optimisme et peut-être la séparation ne sera-t-elle pas trop longue ...»

La seconde lettre est datée du 25 septembre 1953 ; Elle est, pour l'essentiel, rédigée sur des considérations familiales. Ma situation particulière est décrite ainsi :

«*Pour moi, ici, ma santé est toujours très bonne ; bon ap-*

pétit, nulle trace de palu et de dysenterie. La saison chaude est maintenant terminée, jusqu'en janvier ce sera la saison des pluies. Ces derniers temps, nous avons construit un nouveau camp où nous sommes confortablement installés. Une bonne partie de nos camarades nous ont quittés ; peut-être un jour proche après une nouvelle étude vont-ils rejoindre la douce France. L'hiver prochain sera-t-il marqué par de grands événements ? Dans l'espoir que cette guerre finira bien vite, ...»

Bien sûr, dans ces deux lettres, tout est fait pour rassurer mes parents.

Le commissaire politique sera très satisfait que je confirme que ma santé et excellente, que nos conditions de vie sont bonnes et que le confort règne dans le camp.

En revanche, mon engagement dans le camp de la Paix et ma participation active à la cessation de la guerre en Indochine apparaissent de moins en moins évidents - Le service minimum, sans plus - Un intense travail d'endoctrinement doit être poursuivi, pensera probablement le chef. La libération n'est pas pour demain.

Dans la routine de la vie quotidienne

Si les enseignements politiques et les besoins de la communauté accaparaient une partie de notre temps, nous restions disponibles les longs moments restants. Comment les remplir ? Par les loisirs, les conversations, les réflexions personnelles.

Pour ceux qui comme moi aimait ce divertissement, nous jouions aux échecs. Le damier avait été reconstitué avec une petite planchette en carton et les pièces du jeu avaient été reproduites sur un carré de papier mobile. Nous restions ainsi occupés de longs moments. J'allais devenir suffi-

III - La captivité 139

samment fort pour gagner le tournoi d'échecs organisé sur l'Orégon, le navire qui m'a ramené en France.

Le soir, lors des séances collectives, un camarade prenait la parole pour parler de sa région, de sa ville, de ses activités. Jean était particulièrement loquace ; il connaissait bien Paris et il nous indiquait toutes les adresses où nous pourrions nous rendre, le moment venu, dans de nombreux domaines : alimentation, habillement, distractions, librairies.

Nous chantions en chœur des airs connus et à la mode. Perugia était notre professeur ; il nous en apprenait d'autres «*Massarimarés est bien loin de mon cœur, mais je crois en son amour* ...» ou bien «*dans le soir d'or résonne le cor*» ; un Italien fredonnait «*Santa Lucia*» ou «*avanti populo del la ruca*» et un Suisse modulait une tyrolienne. Les légionnaires se rassemblaient pour faire entendre leurs lents refrains ; ils formaient un groupe compact ; j'admirais leur cohésion et leur relative désinvolture à l'égard de la propagande.

Le chef Ba était content, pensant que nous exprimions ainsi notre joie d'être aussi bien traités. Le moment venu, il prenait les choses en mains pour donner à la séance récréative une teinte plus militante. Nous avions appris les grands chants révolutionnaires, le plus connu étant, après l'Internationale réservé aux grandes circonstances, l'air de la Jeune Garde (prenez garde, prenez garde ... à la jeune garde). Mais le moment fort arrivait lorsque nous entamions, dans un vietnamien très approximatif, le grand chant de l'Union «Le Quet Doan». Alors, on assistait au spectacle burlesque d'une file de prisonniers, de tous âges, de toutes origines, dans leurs défroques minables, pieds nus, faisant le tour de la cour, se tenant pressés en une longue chenille, les mains de l'un sur les épaules du précédent ; tandis que, assis sur les bambous, le reste des captifs rythmait le chant, battant des mains, attendant que le premier de la chenille aille les chercher, pour rentrer un par un dans cette grotesque ronde enfantine.

Dans le camp, les disputes étaient fréquentes ; aussi, le plus souvent, nous parlions entre nous, par petits groupes de deux à trois. Entre officiers nous étions en confiance, à l'exception de Jean. Je bavardais aussi avec les sous-officiers, ainsi Dassonville, Prukop, Minjoz, Claviére, ... J'aimais «baragouiner» en allemand avec un sergent autrichien de la Légion, Berg ; à l'automne il tentera de s'évader avec deux autres légionnaires ; repris, après avoir été enchaîné à un arbre, il sera mis à l'écart.

Je discutais très souvent avec Roger Louis, un sergent parachutiste du GCMA[26], bourguignon, parlant posément et lentement ; il partageait avec moi des sentiments d'extrême rancœur contre le commissaire Ba.

De quoi parlions-nous ? De notre situation, de notre passé en France, de la vie au camp, de nos sentiments vis-à-vis de certains camarades, d'une libération éventuelle. Nous essayions de garder bon moral.

Le soir, bien sûr, je me retrouvais seul dans mes réflexions. L'avenir était sombre. Je pensais à ma famille, je revoyais mon enfance, les jours heureux de ma jeunesse. Pour donner plus de durée et de précisions à mes souvenirs, j'essayais de les découper dans le temps, puisque j'avais des références à partir des villes successives où j'avais vécu.

Enfin, recherchant le sommeil, coincé entre mes deux voisins de bat-flancs, je faisais ma prière. Quand on a tout perdu, misérable, avili, écrasé auprès de qui se réconforter ? Qui vous enlèvera votre angoisse et vous donnera la sérénité – Dieu – Je le sentais, auprès de moi, invisible et protecteur ; quoi qu'il arrive, il sera toujours auprès de moi.

Je m'endormais, rassuré.

---

26 Groupement de commandos mixtes aéroportés.

III - La captivité

L'épée de Damoclès : la libération anticipée

Il peut sembler étonnant qu'il ne se soit trouvé personne, dans les séances de discussion politique, au cours des réunions d'information ou avant la signature des manifestes, pour porter la contradiction au chef ou pour justifier les raisons du combat mené par nos camarades du Corps Expéditionnaire.

Pour le comprendre, il faut faire intervenir la notion capitale de libération anticipée.

Depuis notre arrivée, le chef nous redisait sans arrêt : *« Vous êtes des soldats trompés, vous versez votre sang pour les colonialistes, votre cause est injuste. Rejoignez-nous comme une partie du peuple français l'a déjà fait. Témoignez de votre engagement. Alors, vous serez libérés. »*

Or, la libération représentait non seulement la délivrance, mais le retour à la vie. Alors que, dans une guerre qui durait déjà depuis sept ans et dont on ne pouvait prévoir la fin, rester prisonnier, c'était à terme la mort certaine.

Tout le monde le comprenait, personne n'était insensible à la possibilité de retrouver la France plus rapidement. Humilié, souffrant de ses maladies, privé de nouvelles, éprouvant un sentiment d'isolement et d'abandon, le prisonnier ne pouvait guère discuter le bien-fondé des arguments du commissaire afin de ne pas amoindrir ses chances de libération.

Le procédé viet était machiavélique et terriblement efficace. Au captif devenu prisonnier politique, il enlevait toute possibilité de résister mais aussi de revenir en arrière.

D'abord, une fois qu'il avait donné, même tacitement, son accord aux arguments présentés par le chef, le prisonnier était saisi dans un engrenage dont il ne pouvait plus se dégager. Sinon, il apparaissait comme un traître d'autant plus indigne qu'après avoir rejoint le camp de la Paix, il l'abandonnait pour retourner à ses anciens errements colonialistes. Classé dans les irrécupérables, sa situation devenait intenable.

La libération anticipée pesait sur nous comme une épée de Damoclès. S'opposer au commissaire politique, c'était couper le lien ténu qui la retenait sur nos têtes.

Mais la possibilité de libération entraînait une conséquence encore plus sérieuse : elle créait une ambiance de méfiance et provoquait une cassure entre les prisonniers.

Si la très grande majorité restait discrète dans son approbation, quelques activistes, toujours les mêmes, voulaient prouver par leur engagement qu'ils méritaient d'être libérés plus rapidement.

Cette attente de libération, cette compétition engagée par certains pour l'obtenir plus vite, créait un climat de suspicion, voire de délation.

Le commissaire ne pouvait pas être complètement dupe de nos «adhésions de façade».

Il cherchait à être informé des sentiments vrais des prisonniers. Il convoquait nos chefs d'équipe, en principe élus par nous, mais en fait désignés sur sa proposition. Il recevait régulièrement notre délégué, un sergent du 8ème B.M., acquis dès sa capture à la Juste Cause.

Mais nous soupçonnions aussi d'autres prisonniers d'être des informateurs occultes : bien sûr, les plus empressés dans les cours politiques, mais aussi les officiers «fantoches». Ceux-ci se trouvaient dans une position insupportable ; considérés comme traîtres à leur pays, ils leur fallaient donner des gages s'ils ne voulaient pas croupir indéfiniment sur place. J'ai eu l'occasion de parler furtivement avec mon sous-lieutenant Than ; il me donnait quelques renseignements et m'avait fait comprendre que le chef savait tout sur nous ; il ne voyait pas d'autre solution pour lui que de se rallier à la Juste Cause.

Dans notre camp exigu, où se côtoyaient des hommes de toutes races, de toutes mentalités, de tous grades, la confiance n'existait pas et les officiers noyés dans la masse se sentaient spécialement surveillés. Alors qu'il fallait supporter des conditions physiques, matérielles et psychologiques très éprouvantes, la solidarité si nécessaire entre tous les prisonniers n'existait pas. Mais subsistait, et c'était primordial et vital, la fraternité des petits groupes.

La libération anticipée n'était pas une promesse sans certitude.

Elle était une réalité et nous la constations.

Dès le mois de février, les Viets avaient libéré les prisonniers les plus gravement blessés lors des combats sur les Hauts Plateaux. Parmi eux, le canonnier marocain Sghir. Il avait pu donner des nouvelles de toute l'équipe du DLO capturée avec lui. Ainsi mes parents, tristement surpris de ma disparition le 17 janvier et restés depuis dans une inquiétante incertitude, avaient-ils appris alors, avec soulagement, que j'étais prisonnier.

Au mois de mai, le commandant du Lien Khu V ordonna une nouvelle libération. Elle concernait essentiellement les hommes de troupe ; les Marocains de mon escorte et mon radio Cigolini qui, bien que blessé, n'avaient pas été retenus lors du premier convoi en février, en firent partie ; ce dernier eut la gentillesse d'écrire à mes parents[27].

Enfin, début décembre, la politique de clémence du président Ho toucha les autres prisonniers, les légionnaires et les sous-officiers, à l'exclusion des officiers.

Avant leur départ, nous étions tous rassemblés pour entendre les inévitables discours ; le repas avait été amélioré, un air de fête flottait dans la paillote. Ils étaient joyeux et

---

27 En notant que mon commandant de batterie, le lieutenant Bousquet, ne leur a jamais écrit.

nous qui restions sur place, nous affections aussi de l'être. Perugia nous faisait chanter «Ce n'est qu'un au revoir, mes frères». Le camp se vidait et nous étions toujours là, nostalgiques et stoïques.

En observant les conditions dans lesquelles se sont effectuées ces libérations, on constate qu'elles n'ont pas eu lieu en fonction d'un prétendu niveau de compréhension politique atteint à la fin des cours de rééducation.

Elles furent décidées, au niveau des responsables politiques du LKV, en fonction du statut racial et social que ces derniers donnaient aux prisonniers, en application de la théorie de la lutte des classes, les exploiteurs contre les exploités, appliquée aux combattants.

En admettant cette vision des choses, il apparaissait donc naturel de libérer d'abord les hommes du rang, et en priorité les membres des pays colonisés ; leur détention durait de quatre à six mois.

Ensuite étaient libérés les sous-officiers (les adjudants exclus). Ils pouvaient entrer dans la catégorie des hommes trompés, capables de se racheter en rejoignant le camp de la Paix. Mais, en raison de leurs fonctions dans l'encadrement de la troupe, ils devaient subir une période de rééducation plus longue, une année en moyenne. Le sergent Louis, qui est resté vingt mois prisonnier, constitue un cas particulier : on peut l'expliquer, car il faisait partie de l'encadrement des GCMA (commandos de supplétifs engagés par infiltration dans les zones ennemies et particulièrement redoutés par les Viets) et s'était opposé au commissaire au début de sa captivité.

Les Vietnamiens étaient exclus de ces mesures. Après s'être rachetés de leur traîtrise par la rééducation, ils n'avaient d'autre choix que de rejoindre les rangs de leurs frères de l'armée populaire.

Quant aux officiers, d'autant plus responsables qu'ils

avaient des grades élevés, ils faisaient partie de la classe des exploiteurs, donc normalement irrécupérables. Le pardon éventuel ne pourrait leur être accordé que dans la longue durée.

La mortalité dans les camps du Quang Ngai

Dans l'année 1953, la mortalité par maladie[28] y fut faible : quelques cas.

Je ne me souviens avec précision que de la mort au printemps du sergent Grunherz fait prisonnier sur les Hauts Plateaux, à Tu Thuy. C'était un garçon charmant : il avait promis de nous inviter à notre retour en France à partager une copieuse choucroute au buffet de la gare de Metz, ville dont il était originaire. Tombé malade, il a agonisé toute une nuit dans la paillote où nous entendions ses râles précipités ; il est mort au lever du jour. Nous l'avons enterré, dans un petit tumulus non loin du camp ; tous les prisonniers marchaient en cortège, unis dans la tristesse de perdre un sympathique camarade ; Richard Fabrello tenait lieu d'officiant.

Notre camp apparaît comme une exception heureuse dans ce domaine puisque les statistiques font état d'un taux de mortalité considérable pour l'ensemble des camps de prisonniers et pour les sept années de guerre : soixante pour cent de décès pour les Français et les légionnaires, cinquante pour cent pour les Africains[29]. Ils mouraient dans des conditions souvent ignobles, d'absence de soins, de dénutrition, d'épuisement ou d'abandon. Le Corps Expéditionnaire perdit environ douze mille morts dans les camps, dont

---
28 Le commandant Roussel et l'adjudant Courtin furent exécutés (soit 2 morts sur 9 officiers et adjudant).
29 Sans tenir compte des Vietnamiens qui, en général, n'étaient pas libérés.

un tiers de Français. Il faut y ajouter les morts vietnamiens, difficiles à comptabiliser.

Parmi les explications possibles, je retiendrai les trois suivantes :
- le petit nombre de prisonniers dans le camp qui permet une organisation plus simple et un contrôle plus facile.
- des conditions climatiques supportables : il ne fait jamais froid ; nous n'avons jamais pataugé dans la boue.
- surtout des libérations massives et rapides des hommes de troupe, catégorie la plus touchée dans les camps de prisonniers. Ici, ils ne restaient que quelques mois.

La mise à l'écart des officiers

Au cours de l'automne 1953, avant la grande libération du début décembre, le chef nous annonça la décision prise par les autorités du LKV de séparer les officiers des autres prisonniers, comme c'était le cas depuis des années au Tonkin, où plus d'une centaine d'officiers étaient rassemblés au camp n°1 dans la Haute région.

Nous fûmes regroupés dans une paillote particulière, à quelques centaines de mètres.

Nos relations avec nos camarades s'espacèrent : nous allions à la cuisine pour chercher notre riz ; nous participions encore avec eux à quelques séances collectives, sur place ou bien à l'extérieur, à côté de la population.

Quelles pouvaient être les raisons de cette séparation ?

Peut-être empêcher toute influence, considérée comme nocive, des officiers sur les autres captifs.

Cette division montrait en tout cas clairement que l'avenir des uns et des autres serait différent ; la politique de clémence aurait des applications contraires. Au-delà des paroles hypocrites, l'exclusion des officiers des mesures de

III - La captivité

libération passait manifestement dans les faits.

Finalement, notre situation matérielle et morale s'était un peu améliorée.

A l'intérieur de la paillote, nous disposions d'un plus large espace, nous avions reçu chacun une moustiquaire. Nous ne baignons plus dans une atmosphère de méfiance larvée.

Nous étions sept, formant un petit ensemble plus homogène.

Le capitaine de Marliave, homme courtois, était le plus âgé ; il s'était progressivement isolé et passait son temps allongé sur son bat-flanc.

Le lieutenant Jean, trapu, «fort en gueule» et querelleur, suscitait toujours notre méfiance. N'ayant toujours pas été libéré, il avait considérablement diminué son zèle militant.

Nous restions plus spécialement, entre nous, à cinq : quatre lieutenants et un capitaine :

Richard Fabrello, officier de réserve ; il s'était engagé pour l'Indochine, à la suite de «peines de cœur». Dynamique, débrouillard, généreux.

Guy del Perugia, de la promotion après la mienne. Parachutiste dans un bataillon vietnamien, il avait été fait prisonnier au col des Nuages au sud de Tourane en octobre 1952 ; cordial, toujours gai, amical.

Maurice Assier de Pompignan, capturé en mai à la tête d'une unité de supplétifs. Indépendant et réfléchi, il regardait autour de lui avec le détachement de l'aristocrate.

Enfin le capitaine Chassain, de la Coloniale. Il connaissait bien l'Indochine où il avait servi comme sous-officier pendant la guerre et participé à la retraite en Chine avec la colonne Alessandri. Après la prise du poste de Cu Han qu'il commandait, il s'était camouflé dans un champ de cannes à sucre pendant plusieurs jours, ravitaillé par un vieux paysan ; finalement il avait été dénoncé par un accompagnateur et remis aux Viets. Grand, chaleureux, calme, il avait toute notre confiance et nous l'avions élu notre représentant.

Le chef Ba continuait à venir nous voir chaque jour, nous informer et «parfaire» notre instruction politique.

Nous n'étions plus vraiment des criminels de guerre, davantage des «hôtes forcés».

Bien qu'ayant perdu tout espoir de libération, nous continuions à rester «dans la ligne» et à signer les manifestes suivant le besoin.

Fin février 1954, deux officiers faits prisonniers sur les Hauts Plateaux, au poste de Dak Doa près de Kontum, nous avaient rejoints.

Le lieutenant André Boissinot, jeune officier parachutiste affecté au régiment de Corée ; sportif et plein d'allant.

Le lieutenant Georges Garnier, artilleur, plus circonspect, raisonnable ; il nous charmait en chantant à gorge déployée, Mississipi.

Notre état sanitaire était médiocre. Pour la plupart nous avions entre un an et dix-huit mois de captivité.

Nous nous installions dans la durée, avec un sentiment d'expectative, voire d'indifférence pour les événements extérieurs, en attendant la fin hypothétique des combats. Les jours s'écoulaient dans la grisaille.

Je me revois ainsi à l'intérieur de la paillote avec tous mes camarades d'infortune, ou bien assis le soir près de l'ouverture avec l'un ou avec l'autre. Nous évoquions les souvenirs du passé ou les projets d'avenir ; certains décrivaient les fêtes entre amis, les magnifiques voitures, les fabuleux repas ou les fantastiques virées qu'ils se paieraient à leur retour en France. Surtout nous échafaudions des hypothèses sur l'évolution de notre situation : combien de temps resterions-nous ainsi prisonniers ? Ne serions-nous pas un jour transférés en Chine pour travailler dans quelques mines de fer ou de charbon, jusqu'à la mort et dans l'oubli de tous ?

Dans la cour, haut dans le ciel, j'entendais passer l'avion de ligne qui régulièrement devait relier Saïgon à Hanoï ; j'imaginais les passagers joyeux et insouciants ; ils étaient si près de nous et ils étaient libres. Et il m'arrive encore, tant d'années après, dans le calme du soir à la campagne, lorsque j'entends au loin un avion, de ressentir une sourde angoisse.

La longue marche

Au début de 1954, notre situation matérielle s'était donc légèrement améliorée ; à notre riz quotidien s'était ajouté un plat de légumes, agrémenté d'un bout de lard de cochon. Quelques optimistes envisageaient déjà une libération proche.

Fin janvier, dans le cadre du plan Navarre, le Corps Expéditionnaire était passé à l'offensive (opération Atlante) dans la région sud du Lien Khu V. Il s'agissait progressivement de reconquérir tout le territoire du LKV qui s'étendait le long de la mer sur près de quatre cents kilomètres ; le gouvernement de Bao Daï devait prendre à sa charge l'administration directe pour en achever la pacification. Début mars, nos troupes avaient conquis une bande de terrain d'une centaine de kilomètres et s'étaient avancées jusqu'aux environs de Qui Nhon.

Une grave menace pesait sur le LKV.

Le commandement Viet Minh décida alors de transférer au Nord-Vietnam les officiers français prisonniers, montrant ainsi à nouveau qu'il n'était pas question de les libérer. Nous sommes huit, le capitaine de Marliave, «vrai-faux» malade, devant rester sur place. Se joignent à nous, deux jeunes légionnaires allemands qui ont demandé à être libérés par «la voie démocratique», par la Chine, l'URSS et l'Allemagne de l'Est ; ainsi que deux officiers vietnamiens dont le sous-lieutenant Than, ralliés au Viet Minh.

Au total, un groupe de douze.

Pour la marche, nous portons notre nouvel équipement : le chapeau conique, le que quan gris-bleu, le lourd et long boudin de riz sur l'épaule, un bambou d'eau en sautoir ; un autre très petit, contenant quelques morceaux de viande enveloppés dans un peu de sel, est attaché à la ceinture ; dans le dos et enroulés dans la natte quelques matériels collectifs ou habits. Nous sommes chaussés d'une espèce de paires d'espadrilles avec semelles en caoutchouc (découpées dans les pneus de nos camions capturés), tenues par des lanières entrelacées. Nous nous trouvons dans des conditions différentes de celles que nous avions connues après notre capture, où nous marchions pieds nus, encordés, affamés et houspillés par les sentinelles.

Témoignant de l'importance du déplacement, le chef Ba assure le commandement du groupe ; il dispose pour nous garder de bo doïs aussi nombreux que nous et qui seront remplacés par d'autres en cours de route.

Nous n'avons qu'une idée très approximative des distances à parcourir pour atteindre le camp d'officiers du Haut Tonkin – peut-être mille cinq cents kilomètres ou davantage. C'est l'objectif ultime. Il nous faut d'abord rejoindre la région au nord de Vinh ; elle constitue la partie méridionale du territoire viet-minh d'un seul tenant qui, enserrant étroitement le delta tonkinois, va jusqu'à la frontière chinoise.

Pour l'atteindre, nous allons, début mars, entamer une Longue Marche : environ mille kilomètres.

Cheminant de nuit à travers les rizières, le premier bond de près de cent cinquante kilomètres nous porte dans la région du Quang Nam au sud de Tourane. Nous avançons, des heures durant, courbés sous le poids de la charge. Après avoir été statiques de longs mois dans le camp du Quang Ngai nous avons bien du mal à enchaîner d'emblée des marches interminables sur les diguettes par des itinéraires tortueux. La nuit, nous nous entassons dans des pagodes désaffectées.

A l'ouest de Faïfo, nous traversons un large fleuve sur une grande barque plate. Sur l'autre rive, nous entendons les cris de joie des Bo Doïs qui viennent d'apprendre par

III - La captivité

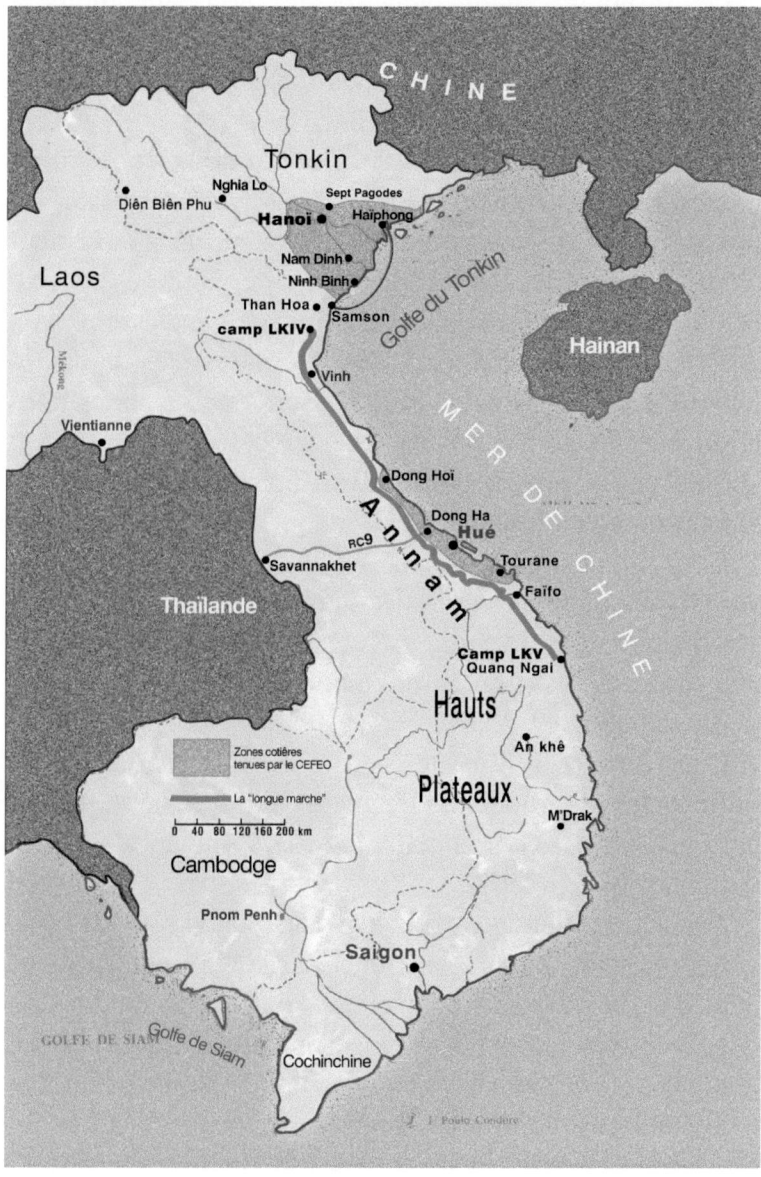

la radio la prise du poste Béatrice[30] à Dien Bien Phu. La tristesse nous étreint.

Les difficultés augmentent lorsque nous atteignons la montagne pour contourner sur environ deux cents kilomètres la zone côtière tenue par nos forces à l'ouest de Tourane, de Hué et jusqu'à Dong Ha.

Nous gravissons, en silence, colonne par un, la Cordillère annamitique, avançant lentement et péniblement sur les pistes sinueuses. Nous ruisselons de sueur dans la chaleur étouffante, sous les branchages des arbres énormes de trente à quarante mètres de haut de la forêt tropicale, dominant des étages de fougères et d'arbustes entremêlés de hautes lianes. Nous circulons de jour. Le soir, épuisés, nous nous allongeons à terre sur nos nattes, quelquefois dans des refuges aménagés, près de points d'eau, après avoir fait à l'arrivée la corvée pour réchauffer le riz.

Nous devons nous trouver sur une des fameuses pistes Ho Chi Minh de l'époque. De temps en temps, nous croisons des convois de coolies avec leurs balancelles qui portent équipements et munitions aux unités du Lien Khu V ou de Cochinchine.

Dans cette région montagneuse, les cols sont à près de mille mètres d'altitude. La longueur de l'étape ne se compte pas en kilomètres horizontaux mais en centaines de mètres verticaux de dénivelée.

Nous traversons aussi pendant des heures, sur des pistes étroites, de longues étendues de jungle, couvertes de hautes herbes dures et coupantes. Au détour d'un chemin, des Moïs apparaissent dans leur tenue préhistorique, en pagne, un arc à la main ; le chef va s'entretenir avec eux. Par temps humide, de grosses sangsues se laissent tomber des broussailles sur nous ; il est très difficile de les arracher ; parfois des bo doïs poussent la complaisance à les brûler

---

30 Le 14 mars.

III - La captivité

avec leurs cigarettes. Nous sommes trempés et glacés les jours de pluie tandis qu'à nos côtés nos gardiens s'abritent sous leurs imperméables de nylon. Nous entendons les cris des singes qui nous épient. La nuit, nous nous étendons sur nos nattes ; pour éloigner les bêtes sauvages, nous devons entretenir un feu de bois, en nous relevant périodiquement par groupe de deux ; un camarade a cru, à une occasion, entrevoir une panthère. Les sentinelles nous montrent des espaces où l'herbe a été complètement couchée, manifestation du passage d'un troupeau d'éléphants.

Nous quittons la forêt pour redescendre par une piste en lacets vers la plaine côtière. Nous traversons de larges rivières, avec de l'eau jusqu'en haut des cuisses. Dans une même journée, nos guides se sont-ils perdus ? nous marchons en tous sens et franchissons des cours d'eau une vingtaine de fois, pour nous retrouver proches de notre point de départ. A hauteur de Dong Ha, nous devons traverser la RC9 (route qui va transversalement au Laos et est contrôlée par nos forces) ; sur l'ordre des sentinelles nous courons, un par un, à partir des hautes broussailles qui la bordent.

Le chef Ba et les sentinelles du Quang Quai nous ont quittés ; nous sommes escortés par d'autres équipes de bo doïs.

Nous longeons sur plus de cent kilomètres la zone étroite tenue par le Corps Expéditionnaire le long de la mer entre Dong Ha et Dong Hoï. Nous continuons à marcher de jour sur des diguettes avec pour seule alimentation la boule de riz. Un après midi, nous nous arrêtons dans un village qui paraît proche de nos lignes ; il est entouré d'arbustes très touffus, traversé par le chemin d'accès et coupé en son milieu par une large rivière. N'est-ce pas une occasion unique pour m'évader, idée qui ne m'a jamais quitté pendant toute ma captivité ? Il faudrait un miracle pour s'en sortir mais il faut essayer, car cette captivité n'a pas de fin et les circonstances paraissent très favorables. André Boissinot partage mon projet. Nous sommes près de la rivière, dans une paillote, d'où il est possible de s'échapper par le côté en rampant. Nous ramassons des branchages que nous mettons dans nos nattes pour simuler notre présence, une fois partis. La nuit est venue, très noire. Nous sommes étendus sur nos bat-flancs, de chaque côté de l'allée ; la sentinelle veille près de la porte, sa petite lampe allumée ; je sens sur moi le regard soupçonneux de Jean. Nous attendons le moment propice pour filer à la rivière, sortir du village et nous cacher de jour. Mais voilà, la sentinelle se déplace et vient s'asseoir avec sa lampe près de mes pieds. Plus rien à faire. La nuit est traversée par les éclairs et la pluie tombe à verse. A peu de distance, j'entends les tirs d'une mitrailleuse d'un de nos postes qui doit faire l'objet d'un harcèlement. Le lendemain matin, sur la piste, après notre départ du village, on a perçu le bruit d'un camion GMC qui changeait de vitesse sur une route voisine mais que nous ne voyions pas. Nous étions donc très proches. Le hasard ne nous a pas favorisés mais, à la réflexion, c'est mieux ainsi : les abords du village devaient être très surveillés et les conséquences d'une évasion manquée, tragiques : on ne trahit pas impunément le camp de la Paix. Et aussi, mais nous ne le savions pas, la fin de la guerre était relativement proche.

 Au-delà de Dong Hoï, nous atteignons la zone continue que le Viet minh contrôle jusqu'à la frontière chinoise. Arrêtés un soir le long d'une large bande de sable pour passer la nuit, nous sommes les voisins d'une colonne de femmes-coolies avec leurs balancelles qui descendent vers le sud. Au petit matin, lorsque nous nous alignons pour l'appel, elles se rassemblent au même moment, à une centaine de mètres, pour entamer leur progression en sens inverse.

 Nous allons marcher en silence, des nuits entières, éclai-

III - La captivité 157

rées par des reflets de lune, le long du ballast du Transindochinois ; nous progressons pas à pas sur des lignes droites allant à l'infini, tandis que défilent, alignées régulièrement, les traverses du chemin de fer. Nous avançons comme des automates par un effort constant de volonté. Mais comme chacun d'entre nous, je me sens soutenu par l'esprit d'équipe et la camaraderie de notre groupe d'officiers.

Nous sommes parvenus à l'intérieur d'une nouvelle zone Viet Minh appelée le Lien Khu IV. Un soir, nous montons dans un train surchargé de l'ancien Transindochinois. Hommes et femmes sont agglutinés avec leurs paquets. Je suis à la limite de l'asphyxie et de l'évanouissement, mais il est impossible de tomber tellement nous sommes compressés. Un an auparavant, j'avais effectué des déplacements de même nature dans des conditions différentes.

Nous devons approcher de Vinh. Nous poursuivons notre périple en plein jour.

Nous traversons de longues étendues de rizières ; la plante est haute et très verte ; les villages comptent de nombreuses maisons en briques et la population paraît plus aisée.

Nous dormons dans la nature dans des pagodes abandonnées, dans des paillotes isolées, mais quelquefois dans les villages chez l'habitant. Le commissaire rentre à l'intérieur, discute un moment avec le propriétaire qui disparaît. Nous nous installons par groupe ; je revois la grande pièce, l'autel des ancêtres sur lequel sont placés des offrandes, des gâteaux de riz et des tablettes ; quelques uns d'entre nous peuvent coucher, par deux, sur de larges lits constitués de planches en bois de couleur marron ; en guise de traversin, une grosse bille du même bois avec deux échancrures hémisphériques pour les têtes ... tout le confort annamite. Les autres dorment à terre.

Les kilomètres s'ajoutent aux kilomètres, nous ne savons

pas vraiment où nous sommes ; nous devons maintenant avoir dépassé Vinh. Est-ce à la suite d'un coup de chaleur ou bien mon organisme ne supporte-t-il plus la longueur de l'épreuve, je suis épuisé, vaincu par la fatigue. Sur la piste, le vendredi saint, jour symbolique, est aussi mon jour de calvaire. Je dois m'arrêter. A coups redoublés, mon cœur bat la chamade ; j'ai l'impression qu'il va décrocher ; mes jambes ne me portent plus. Le chef vient se rendre compte ; il laisse un bo doï auprès de moi et m'autorise à poursuivre le chemin à mon rythme. Je reprends mon souffle, je repars pas à pas mais sans force. Il me faut me reposer longuement à plusieurs reprises, comme sur le chemin de croix, avant d'arriver au village, terme de l'étape. Là, nous y sommes arrêtés pour Pâques et les jours suivants. Il s'agit d'un village catholique, les enfants portent des médailles au cou ; dans les habitations, je retrouve des tableaux représentant la Vierge et l'Enfant-Dieu, semblables à ceux que j'ai vu accrocher dans nos demeures en France. Cette halte est bienfaisante et me permet de récupérer.

La marche reprend mais l'épreuve est pour moi devenue encore plus sévère. Je n'arrive plus à manger ma boule de riz et mon organisme s'affaiblit ; mes forces diminuent, et au fil des étapes, j'ai de plus en plus de mal à suivre la colonne. A la fin du mois d'avril, j'ai atteint la limite de ma résistance.

Un matin, au sortir de la paillote, impossible de me tenir debout, je m'effondre. Le chef vient me voir.

A-t-il reçu des instructions pour faire face à des situations de ce genre ? Sa mission est-elle de nous amener tous à destination et de ne laisser personne en route ? Ou bien, simplement le camp est-il suffisamment proche pour que, en adaptant le rythme du déplacement, le brancardage soit possible ? En tout cas, je n'ai pas été abandonné dans le village comme cela a été le cas de tant de prisonniers, où

III - La captivité

faute de soins, ils ont disparu. Le chef décide que je serai brancardé.

Je m'allonge dans un hamac que deux camarades portent sur un bambou à chaque extrémité. Je revois les deux premiers, Chassain et Jean ont empoigné le bambou ; je sombre dans la torpeur.

Mes camarades vont ainsi se relayer, dans une rotation continue, pour me porter, par petites étapes, jusqu'au camp de prisonniers du Lien Khu IV, entre Vinh et Than Hoa. Dure charge supplémentaire pour des prisonniers, déjà eux-mêmes exténués par plus de cinquante jours de marches forcées. Non seulement, ils ne se sont jamais plaints du fardeau supplémentaire que je représente bien malgré moi, mais ils m'ont toujours entouré, réconforté et assisté moralement. Mon souvenir se porte vers eux (beaucoup sont aujourd'hui décédés) avec une vive reconnaissance. Je les revois, amaigris, décharnés, les yeux creusés, les traits tirés, le teint jaune, quelques uns atteints de dysenterie.

Au début du mois de mai, au moment où Dien Bien Phu tombe, nous atteignons le camp. Nous allons y rester jusqu'à la libération. Un camarade avait noté que notre marche avait duré soixante-quatre jours.

Je suis toujours prostré, sans force et je n'ai gardé en mémoire du long passage dans ce camp que quelques épisodes, diffus et fragmentaires.

Nous nous entassons d'abord sur des bat-flancs, à l'intérieur d'une paillote occupée par des prisonniers capturés dans le sud-Tonkin.

Mais mes camarades doivent reprendre les activités antérieures, en débutant par la construction d'une nouvelle paillote ; elle est installée sur un petit monticule à proximité d'autres paillotes de prisonniers, dont nous côtoyons les occupants sans être autorisés, au début, à communiquer avec eux.

Je suis encore incapable de me déplacer ; j'ai aussi perdu

l'appétit mais je garde le moral. Un ange gardien veille plus particulièrement sur moi : Richard Fabrello, compatissant et généreux, m'a pris en charge. Au moment des repas, il m'apporte avec un large sourire un bol de petite soupe de riz ; il me force à boire ; c'est la seule nourriture que je peux avaler.

Avec le repos, mes forces reprennent petit à petit. Je peux aller à la rivière proche pour me laver et bientôt pour participer à la corvée d'eau dont nous avons besoin pour le service de la cuisine. L'après-midi je joue souvent aux échecs, pendant des heures, car un jeu sur papier a été reconstitué.

En raison probablement de l'afflux des prisonniers capturés au Tonkin et de notre relative séparation, l'organisation me paraît moins rigoureuse que celle du LK5.

Le chef de camp vient cependant nous visiter tous les jours.

Du papier nous ayant été distribué, j'essaie pour me distraire de retrouver les différentes unités que j'avais côtoyées lors des courses de sections d'éclaireurs dans les Alpes ; j'aligne ainsi un certain nombre de numéros. Les papiers sont ramassés à l'improviste par le chef. Au rassemblement, j'ai la stupéfaction de l'entendre dire : «*un de vos camarades a constitué un code secret afin de pouvoir rentrer en contact avec les colonialistes.*» Que faire ? Je me tiens coi. Encore une mauvaise note dans mon dossier.

Des informations nombreuses nous sont données en particulier par les nouveaux prisonniers. Elles font état de la situation de plus en plus critique du Corps Expéditionnaire. La chute de Dien Bien Phu avait été accueillie par des transports de joie par les Viets. C'est pour cette raison probablement que nous sommes définitivement arrêtés.

La conférence de Genève a débuté avec des hauts et des bas.

Ma santé se détériore à nouveau et mon état de faiblesse

III - La captivité   161

provoque de nouvelles maladies – paludisme avec la succession de coups de chaleur puis de froid, mais surtout dysenterie : la nuit, je sors de la paillote en catastrophe et à multiples reprises ; je rentre épuisé après avoir expulsé quelques glaires. Si cette situation persiste, si aucun évènement extérieur ne vient la modifier, mes jours sont désormais comptés.

Mais justement, lors d'une réunion générale, le chef de camp nous annonce la signature, le 27 juillet, d'un accord d'armistice. Cette nouvelle déclenche un enthousiasme relatif ; tout le monde comprend que c'est la fin d'un cauchemar et le retour probable à la liberté, mais également qu'il faut être prudent, en attendant d'en mieux connaître les modalités. J'accueille cette information qui pourtant devrait me toucher particulièrement en raison du délabrement de ma santé, avec impassibilité. L'armistice n'est pas la paix.

Nos conditions de vie sont améliorées ; la ration de riz est augmentée ; surtout le service de santé français fait parvenir des caisses de médicaments pour les camps de prisonniers. A deux reprises, je reçois des piqûres d'émétine. L'amibiase prise à ses débuts est jugulée.

Ma santé se remet à nouveau ; je suis comme le boxeur «groggy», sauvé par le coup de gong qui annonce la fin du combat.

Mais si les conditions de détention s'étaient notablement améliorées, si l'espoir était revenu, il faudra encore attendre quelques semaines avant d'être libérés, car nous expliquent les Viets, les autorités colonialistes font des difficultés pour échanger les prisonniers et libérer nos commissaires politiques.

La libération

Pour la libération, nous sommes «remis à neuf». Un coiffeur est venu nous couper les cheveux et nous raser la barbe. Nos vêtements ont été échangés. Nous avons abandonné nos vieilles frusques et recevons de nouveaux habits : pantalon et chemise de toile vert-olive, ceinture, casque en latanier, espadrilles du genre tennis.

Nous quittons le camp. Nous embarquons dans des camions Molotova pour rejoindre Thanh Hoa. Nous sommes regroupés au séminaire de la ville avec d'autres prisonniers. Puis, en sampan, nous descendons le Song Ma jusqu'au petit port de Samson, distant d'une quinzaine de kilomètres. Nous y restons en attendant les bateaux français.

Le 31 août 1954, les Viets ont organisé une grande mise en scène pour fêter notre départ. Nous sommes assis sous de grandes tentes. Des délégués d'associations patriotiques et pacifiques ont lu leurs discours. Alentour de grandes banderoles magnifient «la paix et l'amitié entre les peuples». De petits médaillons avec la colombe de la paix ont été épinglés sur nos poitrines.

Enfin, l'heure de la Libération.

En groupe, joyeux, nous courons sur la plage d'où nous apercevons un navire de transport de troupe ; il nous attend. A mon côté, un bo doï paraît encore plus joyeux que moi. Je distingue le drapeau tricolore du bâtiment. Je suis pris d'une rage froide, incontrôlée ; je saisis la colombe de la paix et la jette à terre devant le bo doï ahuri et consterné.

De grandes barques font la navette entre la plage et le bateau ; au large nous sommes transférés sur un navire plus important, un liberty-ship, le Brest.

Embarquement à Samson

Je retrouve dans ma cabine le confort oublié de la Marine Nationale, le «confort du monde civilisé» - Quelle différence – Fatigué, je reste allongé pendant toute la traversée. Mes camarades se sont rendus sur le pont à l'invitation des cadres du navire ; je me retrouve seul, je me lève fiévreux pour cracher dans le lavabo de la cabine. C'est du sang, le début d'une congestion pulmonaire. Mais qu'importe maintenant, je serai soigné et je suis libre.

Nous débarquons à Haïphong le 1er septembre après-midi. Au pied de la passerelle, un général et un détachement de la Légion étrangère.

Débarquement à Haïphong

Des prisonniers sont décédés pendant le trajet ; les cercueils recouverts du drapeau tricolore sont portés par des tirailleurs et passent devant le détachement qui présente les armes. Nous sommes filmés, puis des ambulances nous emmènent à l'hôpital Ciais.

Tout se passe dans l'ordre : l'installation, les prélèvements pour les analyses, les premiers soins, la mise en place du goutte-à-goutte pour les transfusions, le formulaire à remplir pour avertir les familles. Pour la première fois, depuis de longs mois, je vais coucher dans des draps. Les médecins et les infirmières se succèdent attentifs, prévenants et rigoureux. Mais pas question de soutien psychologique, comme c'est la règle aujourd'hui. Mon premier diagnostic est établi : état général mauvais : anémie, tachycardie, congestion du lobe moyen, ankylostomiase, état fébrile (40°) ...

Nous recevons un nouveau paquetage, une tenue de toile pour sortir en ville, une trousse de toilette.

J'ai la joie de recevoir la visite de mon fidèle camarade de promotion, Hubert Depuiset qui entame son deuxième séjour en Indochine. C'est mon plus ancien compagnon ; à dix ans, nous sympathisions déjà dans la même classe, au lycée Buffon à Paris. Il me donne des nouvelles de ma famille, à qui il a rendu visite pendant ma captivité.

Je partage la chambre avec Bianconi. C'est une figure emblématique de la captivité. Ingénieur de Centrale, il a été pris en otage à Vinh en 1946 avec l'administrateur Moreau ; il a passé huit ans chez les Viets. Après deux tentatives d'évasion, il a été enfermé dans une cage en bambou et roué de coups ; devenu hémiplégique, il a le bras et la jambe gauches paralysés ; il a toujours refusé de signer les manifestes. Il a gardé un excellent moral ; il m'impressionne par l'ampleur de ses connaissances et la fermeté de ses jugements. Un être d'exception et un caractère de fer.

Ma santé se rétablit petit à petit. Mon traitement doit se poursuivre à Saïgon.

Je quitte le Tonkin en embarquant sur un navire norvégien, le Skaugum.

Sur le quai du port, s'entassent dans des conditions lamentables, les misérables colonnes de réfugiés vietnamiens qui ont tout abandonné pour se soustraire à la dictature du Vietminh. Au total, près d'un million de personnes, pour la plupart[31] des catholiques des évêchés du Sud-Tonkin ; ils pensent trouver leur salut au Sud-Vietnam mais les Viets sauront les retrouver vingt ans plus tard.

Un porte-avions a jeté l'ancre à l'entrée du port. Je lis

---
[31] Sept cent mille catholiques.

A Saigon rue Catinat

son nom Bois-Belleau. Il me rappelle qu'en juin 1918, mon père à la tête d'un bataillon du 152 a défendu le village de Belleau.

Le 22 septembre, pour la troisième fois, je débarque à Saïgon. Je suis transféré à l'hôpital Grall. Mes forces reviennent peu à peu et je peux sortir en ville. Je reprends du poids, j'ai un «appétit d'ogre» et je n'hésite pas le soir à dîner une seconde fois au Cercle.

Je suis rapatrié sanitaire le 8 octobre par la voie maritime sur le navire-hôpital Orégon. J'y retrouve une dernière fois le confort traditionnel de la Marine.

Les escales sont différentes de celles que j'avais connues à l'aller : Singapour, Djibouti et surtout une excursion programmée en Egypte entre Port-Saïd et Alexandrie. Nous visitons le Caire et le musée Toutankhamon ; nous poussons jusqu'aux Pyramides avec la traditionnelle promenade à dos de chameau.

Début novembre, nous accostons à Alger. Les légionnaires y débarquent et parmi eux de nombreux blessés ou malades qui sont brancardés. Un général les accueille, la musique joue «le boudin». Je pars visiter la ville avec mon camarade de cabine, de Cacqueray. J'achète un journal ; les nouvelles sont mauvaises : dans les Aurès, les assassinats commencent, les époux Monnerot et un caïd ont été égorgés ; dans les villes, des entrepôts ont été brûlés. C'est la *Toussaint sanglante* ; la guerre d'Algérie vient de débuter.

Le 5 novembre 1954, l'Orégon accoste à Marseille, que j'avais quitté le 20 juin 1951. Mes parents et mes sœurs sont sur le quai. Ces premières retrouvailles seront courtes. Un train sanitaire m'emmène à Dijon et une ambulance à l'hôpital militaire de la ville.

La boucle est bouclée. L'Indochine, c'est fini.

Reflexions finales
Sur la captivité

Au sortir de la captivité, après vingt mois passés comme «hôte forcé» du Vietminh, quelles impressions pouvais-je ressentir ?

De 1946 à 1954, la guerre d'Indochine avait profondément évolué. A ses débuts, elle se présentait sous la forme d'une révolte des nationalistes contre l'autorité française. Puis elle était devenue progressivement un enjeu de guerre chaude entre le bloc communiste de l'est et les puissances occidentales. Cette rivalité avait provoqué une guerre civile entre Vietnamiens, à la suite de l'indépendance accordée par la France au Vietnam de Bao-Daï et à la mise sur pied d'une armée nationale.

Dans ce conflit de plus en plus acharné et généralisé, le Vietminh l'avait finalement emporté par une détermination inébranlable et une volonté de vaincre coûte que coûte. Il se servait à cet effet d'une armée fanatisée et d'un peuple embrigadé dans un système impitoyable.

L'armée du Vietminh est une armée populaire et révolutionnaire. Comme le voulait Mao Tse Tung, elle est autant un appui du pouvoir révolutionnaire et un organisme de propagande qu'une force purement militaire. La formation politique demande plus de temps que la formation militaire, nous disait le commissaire. Une hiérarchie parallèle politique contrôle la hiérarchie militaire.

Elle est devenue aussi une armée manœuvrière. La leçon des échecs est tirée lors des séances d'autocritique menées jusqu'à l'échelon le plus bas de la troïka. Elle s'est progressivement adaptée aux conditions du combat sur son sol : souplesse, légèreté, camouflage, instruction axée sur le combat de nuit, logistique assurée par des milliers de coolies qui passent partout. Elle est équipée en armement moderne par l'URSS et la Chine. Elle représente un adversaire redoutable.

L'union armée – population est totale, car sans l'aide du peuple, nous rappelait-on, le soldat serait un guerrier manchot.

L'emprise du Vietminh sur la population est absolue. Une hiérarchie politique double, elle aussi, l'organisation locale jusqu'au niveau du village. Elle est sans pitié, elle ne recule devant rien pour imposer son idéologie, l'intimidation pour les récalcitrants, la contrainte ou la flatterie pour les autres.

Idéologie et organisation se combinent pour donner au système toute son efficacité.

Cette idéologie, les Viets ont voulu l'imposer aux prisonniers sous la contrainte, dissimulée sous le masque de l'hypocrisie. Le prisonnier n'est plus un soldat mais un prisonnier politique endoctriné.

Que peut on penser du résultat de cet endoctrinement ? A mon avis, il est quasiment nul.

Peut-être, quelques soldats africains ont-ils pu être contaminés par la propagande anti-colonialiste, peut-être quelques prisonniers libérés avant la fin de la guerre ont-ils apprécié le geste consenti en leur faveur.

Mais qu'a ressenti l'immense majorité des prisonniers ?

L'abîme entre les certitudes qu'on leur assénait et la réalité de ce qu'ils côtoyaient ou de ce qu'ils subissaient : la pauvreté de la population, les misères de toutes sortes, la contrainte psychologique permanente, les maladies et la mort. Au fond d'eux-mêmes ils n'ont jamais renié leurs convictions profondes ; ils ne sont jamais désolidarisés de leurs camarades au combat ; bref, ils sont restés des soldats fidèles.

Quant à moi, cette longue captivité avait été une épreuve particulièrement dure. Les privations, l'absence de soins, la promiscuité et bien sûr, les centaines de kilomètres parcourus, soit la moitié de la longueur de l'Indochine, un record ! Mais le pire, ce n'était pas cela ; c'était d'endurer un système totalitaire où le mensonge est roi, la propagande outrancière, la délation recherchée ; subir l'humiliation permanente ; supporter les contraintes de la rééducation et du «lavage de cerveau» ; ressentir l'écrasement de ma personnalité dans la négation forcée de mes convictions, en exprimant des opinions à l'inverse de mes croyances. Bref, le sentiment de la déchéance.

Je sortais des camps avec une rancœur absolue contre ce régime implacable.

Conclusion

Pendant plus de trois ans, de juillet 1951 à octobre 1954, j'ai vécu, combattu et souffert en Indochine. Comme j'ai titré cet ouvrage, je suis passé de la lumière aux ténèbres.

La lumière de l'arrivée, celle d'opérations effectuées pendant dix-huit mois dans ma relative autonomie de chef d'une section d'artillerie de montagne.

D'abord au Tonkin, passant de la plaine du delta aux montagnes du pays thaï. Ensuite sur les Hauts Plateaux d'Annam, sillonnant ses vastes étendues de M'Drak à Kontum et de Pleiku à An Khê.

Dans ces opérations, le plus souvent à objectifs limités, la lumière ne brillait pas toujours d'un éclat vif, mais au contraire avait du mal à percer une atmosphère maussade : quelques rafales d'obus envoyées sur des cibles fugitives et diluées, au cours de progressions effectuées dans des conditions toujours éprouvantes, conséquence d'une structure inadaptée. Mais les satisfactions de commander une unité de «vieux soldats» marocains compensaient largement les déceptions opérationnelles.

J'en ai relaté longuement les deux instants décisifs :

A Nghia Lo, dans des conditions exceptionnellement favorables, la fierté d'avoir participé, à mon modeste échelon, à un véritable succès défensif.

A An Khê, dans des conditions dramatiquement défavorables, le sentiment d'humiliation d'être entraîné dans une déroute sans possibilité de réagir.

Ensuite, ce fut le passage brutal dans les ténèbres de la captivité pendant vingt longs mois.

Officier dégradé, tentant de survivre dans une ambiance de détresse, de misère et d'abandon.

Officier humilié, broyé dans un engrenage de sévices moraux, d'hypocrisie et de mensonges.

Six cents jours derrière «le rideau de bambou», sans hygiène, sans lien avec l'extérieur, à la merci d'un commissaire politique, haineux et sectaire.

Près de douze cents kilomètres parcourus à pied, depuis An Khê jusqu'au Tanh Hoa, d'abord encordé et pieds nus puis en espadrilles, mais toujours étroitement surveillé. Des dizaines et des dizaines de jours de marches forcées, dans les rizières, les forêts et les montagnes. Tombant d'épuisement près de l'arrivée et dans cette extrémité, miraculeusement délivré par la signature du cessez-le-feu à Genève.

Plus d'un demi siècle après, il est aisé de porter un jugement en connaissance de cause et de refaire l'histoire puisque l'on en connaît l'issue.

En 1945, à la fin de la guerre, l'Indochine allait inéluctablement vers l'indépendance dans le mouvement mondial de décolonisation. Elle avait tous les atouts pour y prétendre : un pays de veille civilisation, une élite cultivée, un peuple industrieux et travailleur, des infrastructures suffisantes. Il aurait fallu traiter avec les nationalistes et décoloniser dans l'amitié.

Puis, face à un adversaire qui s'était affermi, jetant son masque de démocrate nationaliste pour endosser l'habit du communiste pur et dur, ennemi farouche des valeurs occidentales, il fallait se donner les moyens de faire front et fortifier un régime vietnamien, capable de s'opposer au Vietminh. Il fallait le faire vite, car la victoire en Chine de Mao Tsé Tung renforçait considérablement ce dernier. Malheureusement, le déséquilibre alla croissant . Bao Daï ne sut pas s'affirmer pour entraîner son pays. Les gouvernements fragiles de la IVème République, face à une opinion publique indifférente[32], voire hostile, ne surent faire, ni la guerre, ni la paix.

Ce fut l'échec avec ses deux conséquences les plus tragiques.

La population vietnamienne, si attachante, allait supporter, après une tentative manquée d'armistice, une guerre de trente ans, des destructions immenses, des millions de morts, la pauvreté et la perte de ses libertés.

L'armée française, après sept ans et demi de combats dans les conditions les plus rudes, dut quitter le pays dans l'amertume et la douleur.

Soixante-quinze mille morts (quarante mille du Corps Expéditionnaire et trente-cinq mille Vietnamiens[33]). Parmi eux, dix-huit mille Français dont deux mille officiers[34]. Ce dernier chiffre est considérable puisqu'il est comparable à celui des officiers tués en 1940 ; dans un raccourci, on a pu écrire : un officier tué tous les jours, l'équivalent d'une promotion d'officiers disparue chaque année.

Sont-ils morts pour rien ? Apparemment oui, puisque nous avons dû abandonner définitivement le pays, en rompant tous nos liens avec le Vietnam.

En réalité, non. Tous ces morts demeurent des exemples. Ils ont accompli leur Devoir jusqu'au sacrifice suprême ; ils sont restés fidèles à leur Drapeau et à leurs camarades. Ils ont témoigné des plus belles qualités de bravoure, d'abné-

---

32 Cette indifférence s'expliquait aussi car le contingent n'était pas engagé. L'armée d'Indochine était constituée dans sa très grande majorité par des soldats de l'Union Française et des Vietnamiens avec un encadrement français, en grande partie pour les sous-officiers et en totalité pour les officiers.
En outre, le théâtre d'opérations se trouvait à douze mille kilomètres de la métropole.
33 Chiffre approximatif.
34 Dont 1.500 lieutenants.

gation et de discipline qui constituent le socle des valeurs militaires. Soyons en fiers. Ne les oublions pas.

Un grand penseur, Ernest Renan, a écrit : «*Une nation est une âme, un principe spirituel... elle compte plus de morts que de vivants.*»

Cette citation s'applique parfaitement à l'Armée ; elle aussi a une âme et compte plus de morts que de vivants. Ces morts, souvent anonymes, s'inscrivent dans la longue lignée des combattants qui ont assumé le passé de la France ; ils donnent à l'Armée ses plus belles traditions.

Morts d'Indochine.

Si vos corps se sont dissous à jamais dans la glaise des tropiques, vous restez toujours parmi nous, car vos âmes continuent à rayonner autour des plis du Drapeau tricolore.

Annexe

Après l'Indochine

Ma carrière militaire s'est poursuivie jusqu'en 1973, en alternant les affectations : Troupe et Etat-Major.

Ier RA à Mulhouse (commandant de batterie) puis au Maroc (officier de renseignements).

64ème RA en Algérie (1957-1958) – Ma batterie (la 3ème) fut engagée dans le massif montagneux de l'Ouarsenis, région difficile et propice aux embuscades. Mon groupe, le I/64, perdit en une année un lieutenant, un maréchal des logis-chef et vingt hommes tués au combat. Les canonniers de ma batterie ont maintenu un esprit de camaraderie exceptionnel en se réunissant chaque année, et encore maintenant, à l'initiative d'un des leurs, Pierre Salles, maire d'Aubusson.

93ème RAM à Grenoble (commandant de batterie).

Ecole d'Etat Major.

Etat-Major du Corps d'Armée de Constantine (1961-1963).

Etat-Major de la 2ème RM à Lille (à deux reprises).

Commandant de Groupe au 93ème RAM (Grenoble).

Après trois années passées au Cabinet du Général, Chef d'Etat Major de l'Armée de Terre, je quitte l'Armée en 1973.

Colonel de réserve – Officier de la Légion d'Honneur.

J'entame une seconde carrière civile jusqu'en 1995.

Adjoint de Direction Générale dans une entreprise privée.

Collaborateur de M. André Bettencourt, ancien ministre, parlementaire, membre de l'Institut.

Table des matières

AVANT-PROPOS 7

Avant l'Indochine
1927-1951 9

Le voyage 19

I - Au Tonkin
août 1951 — janvier 1952   25

Dans le secteur nord du delta tonkinois   27
Artilleur à Nghia Lo   35
Retour à Sept Pagodes   55

II - Sur Les Hauts Plateaux d'Annam
Février 1952 — Janvier 1953   61

    Chef de section de 75 de montagne   63
    Les opérations   77
    L'embuscade   89

III - La captivité
17 janvier 1953 - 1ᵉʳ septembre 1954   107

    La marche vers le camp de prisonniers du Lien Khu V   109
    Dans les camps du Quang Ngai   117
    La longue marche   151
    La libération   163
    Réflexions finales sur la captivité   169

CONCLUSION   173

Annexe : Après l'Indochine   177

Rue des Ecoles

Cette collection accueille des essais, d'un intérêt éditorial certain mais ne pouvant supporter de gros tirages et une diffusion large.

La collection Rue des Ecoles a pour principe l'édition de tous travaux personnels, venus de tous horizons : historique, philosophique, politique, etc.

Déjà parus

Bernadette LEDOUX-BRODSKY, *Ici et ailleurs. Parisienne dans le Maryland*, 2008.
Magui Chazalmartin, *Journal d'une institutrice débutante*, 2008.
Claude LE BORGNE, *Dites voir, Seigneur...*, 2008.
Sylvette DUPUY, *Souvenirs à ranger*, 2008.
Jacques RAYNAUD, *Parfums de jeunesse*, 2007.
Leão da SILVA, *Jésus révolutionnaire ! une condamnation politiquement correcte*, 2007.
Ma-Thé, *Portraits croisés de femmes*, 2007.
Jean SANITAS, *Je devais le dire. Poèmes*, 2007.
Madeleine TICHETTE, *La vie d'une mulâtresse de Cayenne. 1901 – 1997, Les cahiers de Madeleine.*, 2007.
Bernard REMACK, *Petite... Prends ma main*, 2007.
Julien CABOCEL, *Remix Paul Pi*, 2007.
Isabelle LUCAZEAU, *La vie du capitaine Rolland (1762-1841)*, 2007.
Albert SALON, *Colas colo – Colas colère*, 2007.
François SAUTERON, *Quelques vies oubliées*, 2007.
Patrick LETERRIER, *Et là vivent des hommes. Témoignage d'un enseignant en Maison d'arrêt*, 2006.
Annette GONDELLE, *Des rêves raisonnables*, 2006
Émile M. TUBIANA, *Les trésors cachés*, 2006
Jean-Claude LOPEZ, *Trente-deux ans derrière les barreaux*, 2006

L'HARMATTAN, ITALIA
Via Degli Artisti 15 ; 10124 Torino

L'HARMATTAN HONGRIE
Könyvesbolt ; Kossuth L. u. 14-16
1053 Budapest

L'HARMATTAN BURKINA FASO
Rue 15.167 Route du Pô Patte d'oie
12 BP 226
Ouagadougou 12
(00226) 50 37 54 36

ESPACE L'HARMATTAN KINSHASA
Faculté des Sciences Sociales,
Politiques et Administratives
BP243, KIN XI ; Université de Kinshasa

L'HARMATTAN GUINEE
Almamya Rue KA 028
En face du restaurant le cèdre
OKB agency BP 3470 Conakry
(00224) 60 20 85 08
harmattanguinee@yahoo.fr

L'HARMATTAN COTE D'IVOIRE
M. Etien N'dah Ahmon
Résidence Karl / cité des arts
Abidjan-Cocody 03 BP 1588 Abidjan 03
(00225) 05 77 87 31

L'HARMATTAN MAURITANIE
Espace El Kettab du livre francophone
N° 472 avenue Palais des Congrès
BP 316 Nouakchott
(00222) 63 25 980

L'HARMATTAN CAMEROUN
BP 11486
(00237) 458 67 00
(00237) 976 61 66
harmattancam@yahoo.fr

Achevé d'imprimer par Corlet Numérique - 14110 Condé-sur-Noireau
N° d'Imprimeur : 50183 - Dépôt légal :mai 2008 - *Imprimé en France*